D1825294

知識ゼロから始める

バカヤロー経済学

竹内 薫

装丁　金内智子

はじめに

バカヤロー！　小学生に戻ったボクは天に向かって叫んでいた。

まず最初にお断りしておくと、この本は「まじめな経済学」の教科書だ。それも学校で教わる机上の空論ではなく、「生きた経済学」の本なのだ。生きた経済学は政治とからんでくるから、この本には「政治の裏」の話もバンバン登場する。

ところで、なぜボクが冒頭から「バカヤロー！」と叫んでいるかといえば、それは、経済と政治を勉強すればするほど、世の中の理不尽なバカヤローが目に付くからであり、他人を騙したり陥れたりして、自分たちだけ得しようという輩（やから）がうじゃうじゃしているからだ。

正直者がバカを見る。現代社会には、そんないびつな構造がはびこっている。

でも、小学生に戻ったボクは、経済と政治の「先生」（＝国内外の一流大学で数学と経済を専攻し、政府首脳のブレーンを務めた人物）にみっちり訓練されて、経済や政治の「裏」の仕組みが少しはわかるようになったから、そうすんなりとは騙されなくてすむようになった。

たとえば、世の中には「この本に書いてあることを実行すれば、あなたは大金持ちになれます」というような詐欺まがいの本が横行している。でも、ボクは先生にそのからくりを教わったから、実際に大金持ちになるのは、そういった本の著者だけであり、読者は大金持ちにはなれないことが理解できた。（一二ページ）

あるいは、「円天」のようなマルチ商法がどうして破綻するのか、その明快な数学的な理由も教わった。そういうからくりを薄々知っていても、友人や知り合いから紹介されると断りきれないのは心理学の問題だが、経済も政治も、おおもとには人間のドロドロとした心理戦がある。（一四ページ）

日本の金融の元締めは、周知のごとく日本銀行だが、その日銀の総裁は必ずしも経済学の専門家ではない、と言ったら、読者は信じてくれるだろうか？　だが、実際、世界のどの国の中央銀行をみても、必ずトップクラスの経済学者が総裁に就任しているのに、なぜか日本銀行の総裁だけは、世界レベルの経済学者ではないのだ。いった

い、なんで、そんなバカヤローな人事がおこなわれているのだろうか？　この本には、その理由も書いてある。（六六ページ）

ボクが中年からいきなり小学生に逆戻りしたのは、経済や政治の「わかったふり」をやめて、本当にゼロから勉強しようと思ったからだ。デフレとはどういう現象なのか。なぜ、日銀はインフレ目標を設定したがらないのか。なぜ、米ドルが基軸通貨なのか。変動相場制のもとで公共投資が効かない理由は？　それにもかかわらず、どうして政府はくりかえし公共投資をするのか……エトセトラ、エトセトラ。

小学生に戻ったつもりで、ボクは先生にあらゆる素朴な疑問をぶつけてみた。でも、先生は、決して「そんなバカヤローな質問はするな」とは言わなかった。なにしろ、ボクはいい年をした大人ではなく、けなげな小学生なのだから。先生は、ボクの質問攻めに、ときには笑いながら、ときにはまじめな顔で、わかりやすく正確にからくりを説明してくれた。

バカヤローな世の中を少しでも「まとも」にしたくて、ボクらはこの本をつくりました。どうか、最後までじっくりとお読みください！

【目次】

【バカヤロー経済学】

ガイダンス　役に立つの？経済学

●先生！　経済学で金持ちになれますか？

竹内薫（以下、竹）　はじめまして、先生。あの、いきなりなんですが、ボクは経済学が社会で役立つとは思ってなくて、今までほとんど勉強したことがないんです。でも、今になって「勉強しとけば良かったな」と、ちょっと後悔していまして。というのも、これだけ「不景気だ」と言われているのに、経済や社会の仕組みがよくわからないので、どう立ち振る舞えばいいのかわからないんです。

そこで、これから先生に色々とご教授いただいて、もう少し、世の中をうまく渡り歩ける人間になりたいなと思っているんですが……。

先生（以下、先）　具体的には、どんなふうになりたいですか？

竹　う〜ん。できれば、人生、損はしないように生きたいですし、あわよくば、お金持ちになりたいですねぇ（笑）。

先　模範的な回答、ありがとうございます（笑）。

多くの人が誤解しているようですが、**経済学って、勉強してもお金儲けにはつながらないんですよ**。経済学では、長い目で見れば需要と供給はいつも一致していると考えるんですが、現実は決してそうじゃない。いつも必ずズレがある。実は、このズレを利用するのがお金儲けの極意なんです。しかし、このズレがいつ起こるかは、経済学じゃわからない（笑）。

つまり、経済学を学べばたしかに社会の仕組みはわかるようになるんだけど、仕組みのほころびや抜け穴を知っていないと、お金儲けにはならないの（笑）。たとえば、ケインズは証券投資で儲けて母校のキングス・カレッジに基金を増やしたんですよ。でも、インサイダー情報ばっかりだと批判する人もいるの。これは日本じゃ違法だしね。だから、本当に金儲けがうまかったのかどうかは今でも謎（笑）。

竹　あら（笑）。

先　まぁ、多くの人が「経済学を学べば金儲けに役立つ」と誤解して経済学部に入るんだけど……教えるほうは、黙ってますよ。それは日本の大学の宿命でね。大学は金儲けしないといけませんから。だから誤解してても、それは最初に言わない。で、最後に気がつくんだよ。「あれ？」って（笑）。でも、どんな学問も、みんなすぐにはお金儲けに繋がりませんよ。

竹　では、経済学に詳しい人たちが集まっているはずの政府は、どうなんでしょう？政府も資産運用をしますよね。

先　失敗ばっかりしてますよ。最近の例だと、GPIF（年金積立金管理運用独立行政法人）っていう年金の運用をしている法人が、去年（二〇〇八年）の運営成績で八兆円の穴を開けてる（笑）。だから、必勝法なんてないんです。

竹　ということは、ちょっと前から投資ブームでお金儲けの本がいっぱい出ていますが……。

先　経済学的視点から言えば、あれはウソ。

竹　うぉー！　ウ、ウソなんですかっ！

先　だって、みんながそれをやっちゃったら、社会全体の構造が変わっちゃいますからね。だから、**ある方法が世間に広まったら、それは必勝法じゃなくなる**の、必ず。

竹　なるほど。ギャンブルなんかでも、仮に必勝法があったとして、それを一人で使っている間はいいけれど、みんなに教えたら、どう考えたって全員が勝てるわけがない。胴元だって、そんな必勝法があることを知れば、ルールそのものを変えてしまうにちがいない。世の中、儲ける人と損する人がいるから回っている。必勝法は決して広めてはいけない。それと同じようなことが経済でも起きる？

先　そうです。こういうのを経済学で**情報の非対称性**といって、**読者と書き手に情報の差があればあるほどダマしやすい**の（笑）。

竹　何の疑いもなくダマされてました（笑）。

先　それこそ、竹内さんの専門分野で言えばね、量子力学で、観測するという行為によって物体の性質が変わっちゃうのと同じです。

竹　ああ。もっとわかりやすく言えば、それこそ人間の心みたいに、人に見られるとドキドキして状態が変わってしまうとか、自分の心の中で考えすぎると、どんどん心の状態が変わっていくようなイメージですね。

先　そうそう。観測者が中に入っちゃうと、その影響が出てわかんなくなってしまう、ということです。

竹　よ～くわかりました。でも、じゃあ、経済学はいったい何を教えてくれるんでしょうか？

先　経済学が教えてくれるのは**ハイリスクハイリターンとローリスクローリターンはインディファレント**ということ。つまり、どっちも一緒だということですよ。それは個人の主義主観でしょ？　どっちを選ぼうとそれはあなたの自由です、ということなんですよ。ただし、**ハイリスクノーリターンは、やっちゃいかん。逆に、ノーリスクハイリターン、これはありえない**。経済学ってね、実はこういうことしかいってないんですよ。

竹　なるほど。では、少なくともそれさえ知っていれば、ワールドオーシャンファームやL&Gなどの詐欺にダマされなくなるんですね。

先　人類の歴史って、その繰り返しでしょう。みんな欲に目がくらんでダマされちゃう。ありえないことを、みんな信じちゃうんですよ。**ネズミ講のやり口では、ひとり連れてくればこれだけ報酬あげますよ、って言うじゃないですか。でもそれ、三〇回もやったら日本人いなくなっちゃう**んだよ。ちゃんと計算すれば、詐欺だってわかる

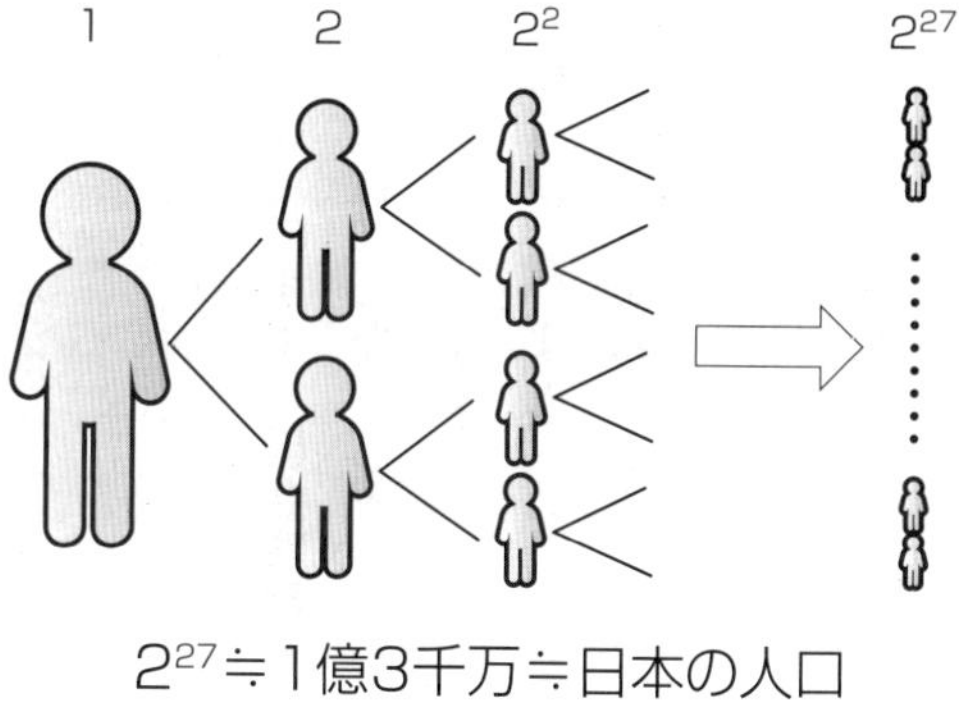

図１：ネズミ講の仕組み

んですけれどね。

竹　えーと、たとえばネズミ講で「親」が必ず二人の「子」を勧誘するとしたら、一人が二人、二人が四人、四人が八人となっていって、二のn乗で増え続けますね。nが二七のときに約一億三千万だから、たしかに二七回続けると日本の人口が尽きてしまって、もう誰も勧誘できなくなる！（**図1参照**）

先　でしょう？　でも、みんなありえない儲け話に乗ってしまう。

竹　つまり結論からいうと、お金儲けの才覚がないなら、投資よりも貯蓄をしたほうがいい、となるわけですね。

●アインシュタインにタイプライターを打たせるな

先　投資がダメっていうんじゃないけれど、資産運用をするんなら、プロに任せたほうがいいんですよ。**機会費用**っていう考えがありましてね。なにかをやるためにはなにかを犠牲にしなくちゃいけない。資産運用を勉強するには、時間を使わなきゃいけないでしょう。すると、仕事なんてできなくなるじゃない。それだったら、プロに任せたほうがいいよと。これが経済学的発想。自分でなんでもやろうと思うのは間違いですよ。これをね、よく**アインシュタインにタイプライターを打たせるな**って言い方をするんです。

竹　餅は餅屋?

先　そうそう。ここに、アインシュタインとその秘書がいるとします。アインシュタインは物理学の知識はもちろんだけど、タイプライターも実は、秘書より速く打てるんです。でも、あえてアインシュタインはタイプライターを打つな、という道理なの。

これは**比較優位の原則**というやつで、**相対的に有利なことだけをやれ**っていうこと。物理学とタイプライターを比べると、アインシュタインにとって相対的に優位なことは、圧倒的に物理学ですよね。だからアインシュタインは物理学の研究だけすればいいの。秘書は物理学もタイプライターもアインシュタインより劣位にあるんだけど、物理学とタイプライターを比べたら、比較的優位なのはタイプライターでしょう。だから、タイプライターを打つのは、秘書に任せたほうがいいんですよ。

つまり、自分が一番得意なことをするのが効率的なの。両方とも得意だとしても、あえて特に得意なほうを選べってことなの。

竹　ああ、なるほど。ボクは家の掃除が得意なんですが、掃除ばかりやってると原稿が書けないから、掃除ロボットを走らせることも多いんですよ。ボクのほうが隅々まで掃除できますけれど、掃除ロボットは原稿書けませんものね（笑）。

先　そうでしょ（笑）。これ、「どうして貿易が成り立つのか」っていう話でよく出てきます。ちょっと図にしてみましょうか。

たとえば、アメリカは製造業に強いと。でも、製造業ほどじゃないけれど農業も

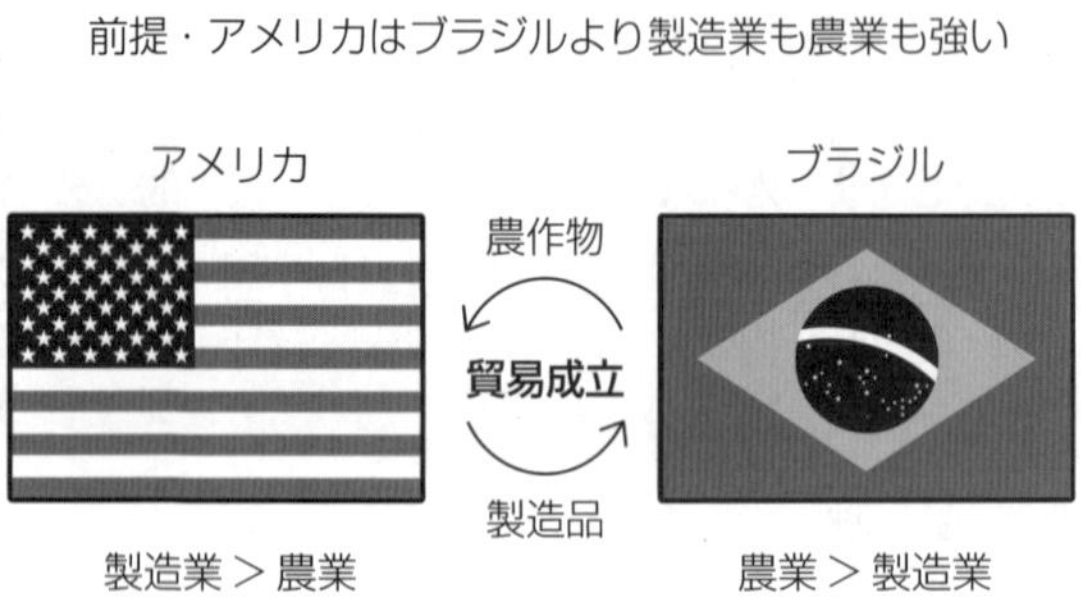

図２：比較優位

強いんです。一方、ブラジルは農業は強いけれど、アメリカと比べると弱い。こうなると、「アメリカが全部やればいいじゃん」って普通は考えちゃいますよね。

竹　絶対に考えます。

先　でも比較優位で考えると、アメリカは農業も強いかもしれないけど、製造業に特化したほうが効率的なの。一方のブラジルも、農業だけに特化すればいいから、これもまた効率的なんです。アメリカは製造品を輸出して、農作物を輸入する。ブラジルは農作物を輸出して、製造品を輸入する。無駄がないから、アメリカもブラジルも生産性が高まるんです。まぁ分業なんだけど、

こうすると、**全員に仕事が回ってハッピーになる**わけですよ。**（図2参照）**

竹　うーん、しかしですね、比較優位で自分が得意とする仕事ができればもちろんいいんでしょうけど、どうしても仕事によって、おいしい思いができる人とそうでない人で差が出ますよね。これは、ハッピーとはいえないんじゃないでしょうか？

先　もちろん、お金を価値判断の基準に考えるなら、そうかもしれないですよね。でも、賃金というのは需要と供給のバランスで決まりますから。たとえば、需要は多いのに供給は少ない、という仕事に就けば、当然賃金は高くなります。その代わり、この仕事に就くのは大変だし、競争もスゴいですよ。じゃあ、賃金は安いかもしれないけど、自分が一番得意な仕事だからライバルは少ない。こういう仕事に就けば、ハッピーですよね。好きなように仕事ができますから。

　お金を絶対的な価値基準にしてしまうと、得られる賃金で幸福の度合いが変わってしまうかのように感じちゃうんだけど、人間の価値基準って、必ずしもお金だけじゃないですよね。「好きな仕事ができる」とか「職場環境がいい」なんていう価値基準も持っていますから。そうすると、相対的に考えて自分の納得のいく仕事に就くから、必ずみんながハッピーになれるはずなんですよ。

竹　ああ、つまり「いい職場で好きな仕事ができて、あんまり働かなくても高収入」なんて虫のいい話はないと。それは、経済学が証明しているんですね。

先　そう。経済学には**ノーフリーランチ（No Free Lunch）**って言葉がありましてね、残念ながら世の中、そんなおいしい話はない。つまり、**ただ飯はない**んですよ。それで、実はこれが**社会を構成する上で一番重要な真理**なんです。ただ、**経済学で世の中の仕組みはわかるから、損をしないように生きてはいける**かもしれませんよ。

竹　そもそもの動機が不純でした。

先　いやいや、不純じゃないですよ。むしろ、それが普通です。だって「お金持ちになりたい」っていう動機が、こうやって経済を勉強するきっかけになったわけですから（笑）。経済学では、こういう動機のことを**インセンティブ**っていうんです。さっきもいったように、必ずしもそれだけじゃないんだけど、やっぱりお金って、大きなインセンティブだったりするんです。

竹　わかりました。じゃあ、小学生になったつもりで一から勉強させてもらいます！

【バカヤロー経済学】

一時限目　ゼロから学ぶ経済の基礎

●世界同時不況なら、お金はどこに？

竹　これは素朴な疑問なんですが、今、世界同時不況っていわれていますよね。世の中のお金の総額は、それこそ紙幣を一気に燃やしたりしないかぎり、ほぼ一定なわけですから、どこかが多くて（好況）どこかが少ない（不況）っていうのならわかります。でも、同時に少なく（不況）なっているということは、世の中からお金が消えてしまったんですか？

先　消えませんよ（笑）。**お金には、実際に紙幣として存在するお金と、紙幣になっていないヴァーチャルなお金があるん**です。世界中にあるお金のほとんどは、ヴァーチャルなほうのお金で、不況になると実際の紙幣の量は変わらないんだけれど、ヴァーチャルなお金が減っていくんですよ。

竹　おお、そういうことなんですか！

先　そういうことなの（笑）。まずね、日本の場合だと、日銀が紙幣を発行しますよね。

これが**通貨**と呼ばれるものなんです。それと、いろんな銀行が日銀の当座預金ってとこに預けてる、ヴァーチャルなお金があるんです。これを**準通貨**って呼んでるんです。ここまではオーケーですか？

竹　はい、大丈夫です。つまり、このヴァーチャルなお金、準通貨の量が不況になると減るということですか？

先　そう。でも、それだけじゃないの。この通貨と準通貨を合わせたものを、**ハイパワードマネー**とか**マネタリーベース**って呼んでて、これがヴァーチャルなお金を、さらにスゴく大きなものにしてるんです。

竹　う～ん、何かわかりやすい例とかってありますか？

先　たとえばね、通貨のほうを例にとっていってみると、日銀が刷ったお金を持って、竹内さんがA銀行に一〇万円を貯金しました。そうすると、今度はA銀行がそのお金を、私に貸します。この時点で、竹内さんの口座には一〇万円というヴァーチャルなお金があって、私の手元にも本物の一〇万円がありますよね。これで、日銀が刷った最初の一〇万円は、二〇万円になりますよね。

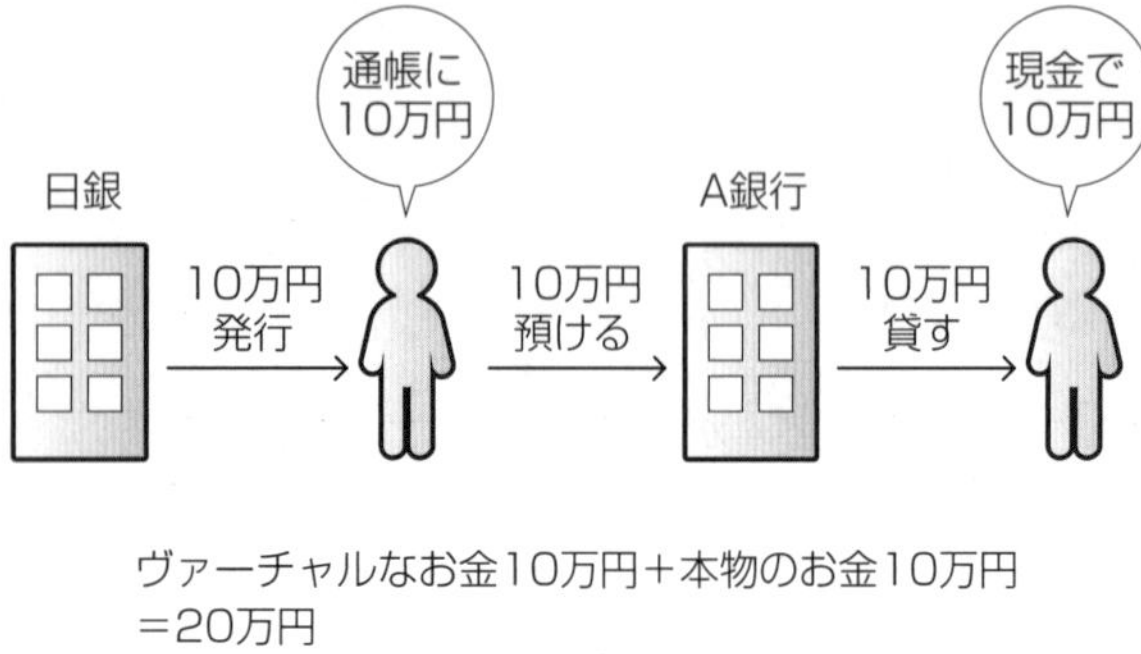

図３：ヴァーチャルなお金の増え方

竹　ほんとだ、ヴァーチャルなお金が一〇万円増えた！**（図3参照）**

先　さらに私は、このお金をB銀行に預けます。そうすると、このB銀行は、さらにまた、誰かにお金を貸して、どんどんヴァーチャルなお金が増えていきますよね。

竹　あ〜あ、要は**そこに本物のお金があるものと仮定して、どんどん取引が行われていると。つまり、不況の時は、こういった取引が少なくなって、ヴァーチャルなお金も減っていく**と、こういうことですね！

先　その通りです。こういう風に、お金が増えることを、経済では、**信用創造**って呼んでてね、ハイパワードマネーが信用創造で増えたお金のことを、**マネーサプライ**って呼んでるの。つまり、**信用によって創造されたヴァーチャルなお金が、世界中にあるお金のほとんどを構成している**んです。

竹　なるほど。ちなみに、これは通貨の場合の例でしたが、準通貨でも同じ？

先　準通貨でも同じです。始まりが、本物のお金かヴァーチャルなお金かの違いだけ。まず、日銀が銀行にお金を貸してあげるという形で、当座預金のお金を増やしてあげます。そうすると、銀行はこのお金を誰かに貸します……あとの展開は一緒。

竹　これは、日本に限らず、世界中どこでも？

先　中央銀行のある国なら、世界中どこも同じことやってますね。ちなみに、日本のハイパワードマネーは九〇兆円くらい。マネーサプライは七五〇兆円くらいあるんですよ。

竹　お金って、昔は金（きん）のような実物と交換してくれたからリアルな感じが強かったけれど、今はちがう。お金っていうのは、信用によって創造される、いわば人類共通の共同幻想みたいなものなんですね。肝に銘じておきます。

●為替相場って何ですか

竹　為替相場には、固定相場制と変動相場制というものがありますが、あれは何ですか？

先　**固定相場というのは、ドルを基軸に考える**んです。だから、「一ドルに対して、おたくの国の通貨はいくら」となるの。**変動相場というのは、こういうことを決めずに、需要と供給で相場が変わる**んです。

竹　固定相場制の時は、なぜ、世界各国のたくさんある通貨の中で、特にドルが基軸になっているんですか？

先　**別に何でもいいんですけどね、その通貨に信用さえあれば**（笑）。ドルが基軸になった裏には「いつでも決まったレートで金と交換できますよ」っていう信用があって、これを**金ドル本位制**っていうんです。

この金ドル本位制と同じように、昔は多くの国が**金本位制**という制度を採用していたんです。これは何かというと、まず**「金の価値は世界中どこでも同じ」**だという前提に立つの。**次に「どこの国も通貨は金に交換できる」ようにして、「保有している金の量に合わせて通貨を発行する」ようにする**んです。そういう信用をつけると、それぞれの国の通貨の価値は金とのレートに置き換えられるから、違う国の通貨同士が取引できるようになる、ということです。

でも、金の保有量に合わせて通貨を発行するというのは、現実には難しいわけですよ。要するに、お金がなきゃ戦争ができないからなんですけどね（笑）。それで、「保有している金の量に合わせて通貨を発行する」形から**「国の経済状況に合わせて通貨を発行する」管理通貨制度**という形に変えて、みんな金本位制をやめちゃったんだよ。やめちゃったんだけれど、アメリカだけは他の国が戦争で忙しい時に経済に力を入れてたから、どんどん金が貯まったの。もちろん、圧倒的にほかの国に比べて経済力があったというのがキモなんですけどね。

竹　それで貨幣として信用されるようになったと。

先　そういうこと！　それで一九四四年にＩＭＦ（国際通貨基金）が設立された時、

まず「金一オンス＝三五ドル」って決めたの。これが金ドル本位制なの。そのあとドルと他の通貨のレートを決めれば、「ドルは金に換えられる」って信用があるから、そのドルと繋がってる通貨は、全部信用が得られるというわけですよ。

竹　ああ、それで子供の頃は「一ドル＝三六〇円」って冗談みたいな相場で固定されていたんですね（笑）。でも、途中で変動相場に変わりましたよね。あれは、なぜなんですか。

先　二つ理由があるんだけど、まず一つは、金本位制から金ドル本位制になった理由と同じなの。つまりね、アメリカもベトナム戦争で赤字になって、ドルを金に換える人が増えたんです。そうすると金の量が減っちゃって「ドルは金に換えられる」って前提が成り立たなくなるから、固定相場制をやめざるを得ませんよね。

次にね、**為替っていうのは、固定できるものなら、固定したほうがいい**んですよ。なぜかというと、為替相場の変動に振り回されないから、輸出が安定するでしょ。でも固定相場というものは通貨価値の維持が前提になっているから、景気に関係なく金利を変えないといけなくなるんです。

たとえばね、日本よりアメリカのほうが金利がいいとしますよね。そうすると、円よりもドルで預金するほうがお金が増えるから、みんな円を売ってドルを買います。変動相場だと、これで円安ドル高になるわけですが、固定相場では通貨価値を維持しないといけないから、これはありえない。つまり、日本は円安ドル高にならないように、アメリカと同じ金利にしないといけなくなるんです。

竹　そうしないと、輸出産業が安定しない。

先　そうそう。でも輸出業に依存してる人って、実は日本みたいな大国だと全体の一割か一割五分ぐらいしかいないんですよ。その一割ぐらいの人のために金利を上げたり下げたりしてるとね、「おかしいじゃないか！」と不満が出てくる。それで、一九七三年に変動相場制に変えたの。

竹　そうなると、通貨の信用って何が元になってるんですか。

先　それは国。**その国の政治や経済の状況が通貨の価値を決める**んです。だから中国なんかは、市場価値よりレートが低く設定されてるから「早く変動相場に切り替えろ」っていう海外のプレッシャーもあるんだけど、これは抑えられないこともないわけ。

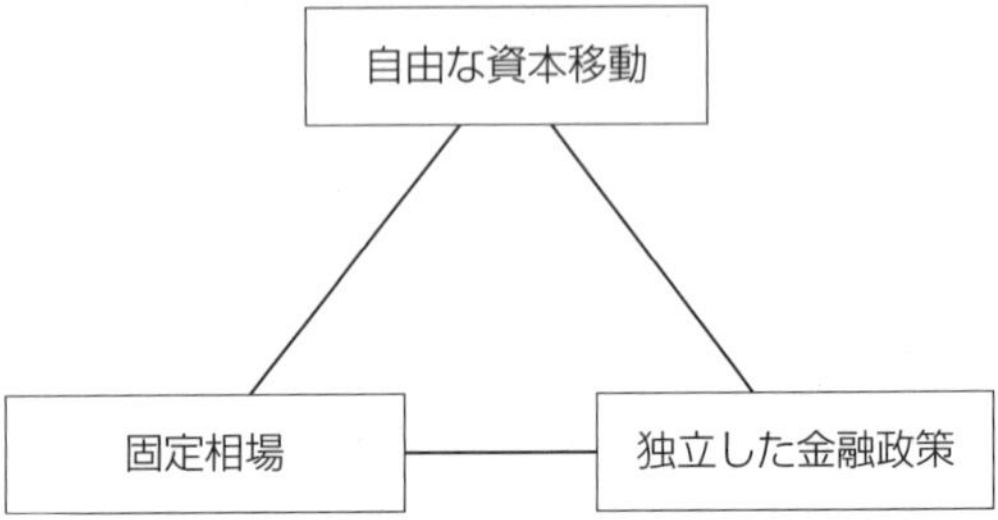

3つのうち2つまでしか選択できない

図４：国際金融のトリレンマ

実際、うまく逃れてるじゃない（笑）。

逆に絶対に抑えられないのは、国民の不満。今は輸出業に依存している一割の人が政治的な力で抑えているんだけど、残りの九割の人の不満が大きくなったら、さすがに切り替えざるを得なくなりますよ。

竹　つまり、新興国に多い固定相場制の国では、その国の経済状況に合わせた金融政策ができないということですか。

先　そう。これを**国際金融のトリレンマ**っていってね、**「固定相場」と「自由な資本移動」を採用すれば、「独立した金融政策」はできなくなる**んです。特に、大国だと輸出依存度が一割くらいで小さいから、固定相場と金融政策から一つを選べといわれれば、金融政策のほうになるでしょうね。逆に小国だと輸出依存度は大きいから、固定相場、つまりドルリンクというのもあり得るんですけどね。**（図4参照）**

竹　三つの内、二つしか採用できないということですね。

先　全部は無理。だから国民の不満が大きくなって**「自由な資本移動」と「独立した金融政策」を採用すれば、「固定相場から変動相場に替わる」**ってことなんです。

竹　じゃあ、「独立した金融政策」と「固定相場」を採用すれば……。

先　現実問題、これだけ資本が移動していれば不可能でしょうね。仮に、強引にやってみたとしても、江戸時代にタイムスリップ。それこそ鎖国状態になっちゃうよ（笑）。

竹　数学の言葉でいえば、独立した変数は二つだけっていうことなんですね。

●円高、円安ってどういう意味？

竹　通貨の価値という話が出ましたが、お金が高いとか安いとかいわれても、今ひと

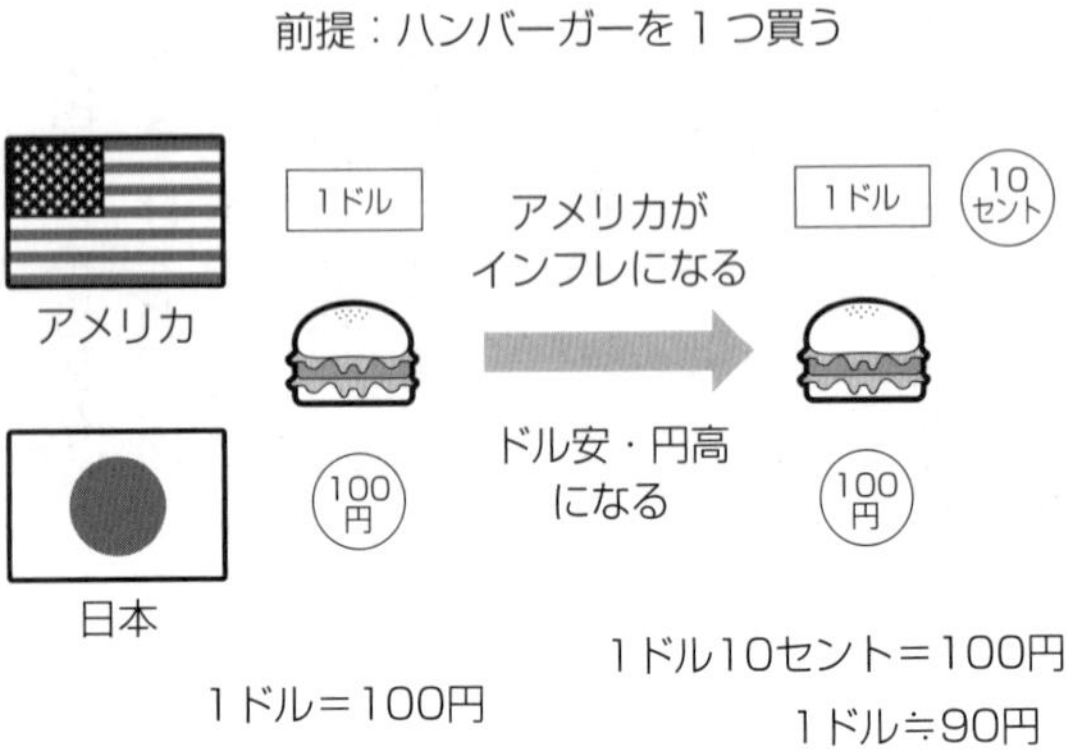

図５：ドルと円の関係

つピンと来ないんです。そのお金の価値を決める時に、何か目安になるものってあるんですか。

先　たとえばね、マクドナルドのハンバーガーを例にして見てみるといいんですよ。ハンバーガー一個が、日本で一〇〇円。アメリカで一ドルだったら、それは一ドル＝一〇〇円になりますよね。

竹　あっ、わかった。でも翌年は、また少し変わってきたりしますよね。

先　そうですね。だから、仮にアメリカがインフレになって、次の年にハンバーガーが一ドル一〇セントになるとします。日本は変わらず一〇〇円。ということは、次の年の為替レートは、一ドル一〇セント＝一〇〇円だから、だいたい一ドル＝九〇円になるわけです。

竹　去年は一ドルで一〇〇円が買えたのに、今年は九〇円しか買えなくなった。つまり、円がドルに比べて相対的に価値が高くなっちゃったということですよね。**（図5参照）**

先　そういうことです。それが円高って言い方になるんです。ちょっとわかりづらいよね。官公庁の人も結構間違うんですよ（笑）。だから本当は、ドルじゃなくて**円を基準にして、一円＝一セントだったのが、一円＝一・一セントって形にすれば一番わかりやすい**んですよ。円が高くなったって一発でわかりますから。でも、こうすると小数点以下が大きくなっちゃうからややらないんでしょうね。

竹　よくNHKのニュースでも三〇銭円高で、九六円が九五円七〇銭になった、なんて言っていて、グラフの矢印が下向きなのに「どうして高くなったのに下がるんだよ」って思うことがあります。あれって、本当にわかりづらいですよね。円を基準にしてくれれば混乱しないのに！

●輸出と輸入と経済効果

竹　固定相場制と変動相場制というのはつまり、物理学でいうと、系（システム）が閉じているかいないか、というような話ですね。

先　そうです。オープンシステムだと影響が出るけど、クローズドシステムだと影響が出ないっていうこと。**（図6参照）**

竹　それでも、地球全体でみればクローズドシステムだから、公共投資をやれば、他の国の経済は活発になるわけですね。

先　その通り。輸出が減って輸入が増えるということは、輸入が減って輸出が増える国があるということですからね。だから、日本が公共投資をバンバンやるっていったら、他の国はみんな賛成するの。わかりやすいでしょ（笑）。それを真に受けてやっちゃったのが、一九九〇年代の六〇〇兆円の公共投資ってやつ（笑）。

竹　ああ、バブル崩壊後、空白の一〇年に行われた公共投資ですか。

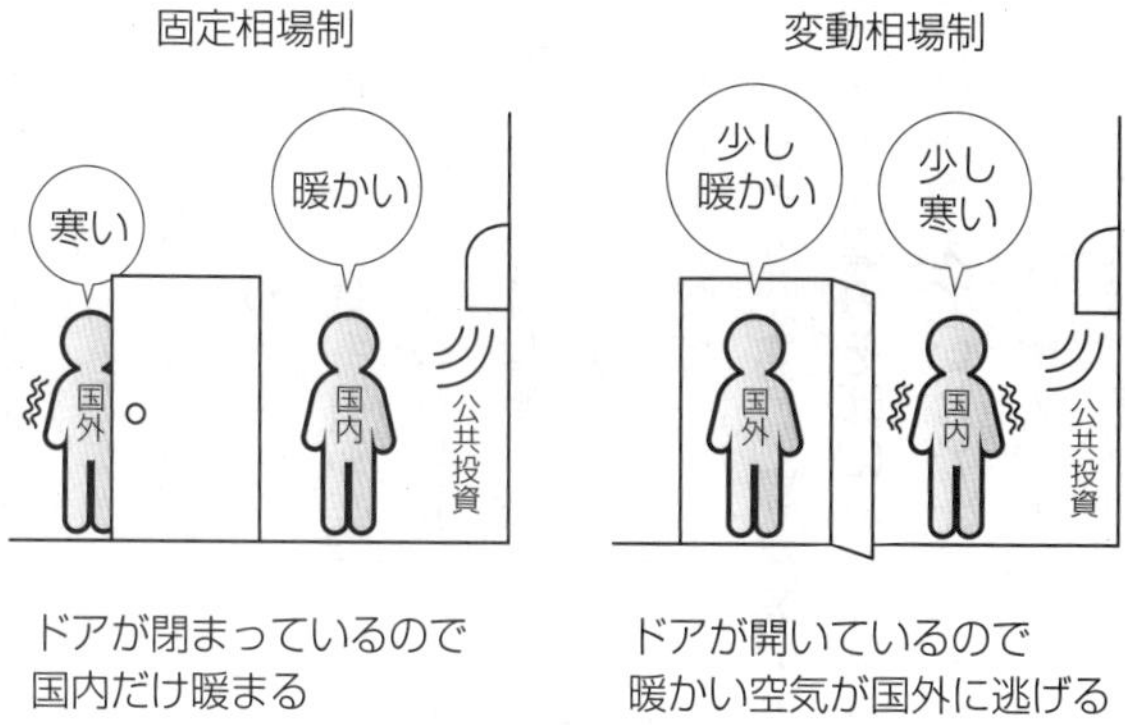

図６：オープンシステムとクローズドシステム

先　そうそう。あれは、日米構造協議で決まったんだけど、さすがにこの時はみんな「アメリカにハメられた」ってわかったよね。でも本当は、この時に始まったことじゃないの。**一九七八年のサミットで日本は「機関車」って言われたことがある**の。そんなおだてられ方をしたもんだから、日本人は喜んで公共投資に励んだの。バカだよね。ほんと**日本人、どんだけ機関車好きなんだよ**って話ですよ（笑）。

それで、日本とドイツはアメリカにまんまとハメられちゃってね。一九八〇年代以降、一所懸命内需を拡大して、いいようにアメリカに吸い取られちゃったの。世界経済に影響を与えるようなものじゃなかったんだけど、アメリカはこれでずいぶん得をしたんだよね。

竹　「機関車」とは言われていたけど、さすがに世界の景気を引っ張ることはできなかったんですね。

先　世界の景気を引っ張れるほど、日本の経済は大きくないですよ（笑）。日本のGDPは、全世界のGDPの一〇％もありませんからね。そんな国がいくら頑張ったって、そう大きくは動かないですよ。

竹　たとえて言うなら、日本という小さな部屋だけを暖めようと思って暖房をしたのに、扉が開いてて。

先　そうそう（笑）。**扉が開いてるから、いつまで経っても部屋が暖まらないの。暖まったのは扉のそばにいたアメリカだけで、日本は結局、暖房代の無駄遣いで債務残高だけが増えていっ**ただけ（笑）。

竹　なるほど。でも、ここで一つ疑問があるのですが、仮に輸出が減ったとしても、輸入で増えれば、それで儲かる企業も日本にはあるんじゃないんでしょうか？

先　たしかに、日本の企業が輸入中心だったとしたら、いい効果が生まれるんです。でも、日本経済の輸出額は八三兆円、輸入総額は七三兆円で、輸出のほうが大きいの。さらに、日本の優良企業って、実は輸出中心の企業が多いんですよ。これは、前にいった比較優位の話から出てくるんだけど、**輸出産業は国内では相対的に得意分野になっているから、輸出企業が優良企業になりやすい**んです。

竹　ああ、自動車産業などはそうですね。

先　でしょう。そうすると、輸出が減れば、日本経済はどんどん縮小してしまうというわけです。

竹　なるほど、なるほど。でも「日本人、どんだけ機関車好きなんだよ」って言葉、ぜひ、総理大臣に聞かせてやりたいですね。

●インフレ、デフレってどういうこと?

竹　ところで、日本はデフレだってよく言われますが、インフレとデフレってどうい

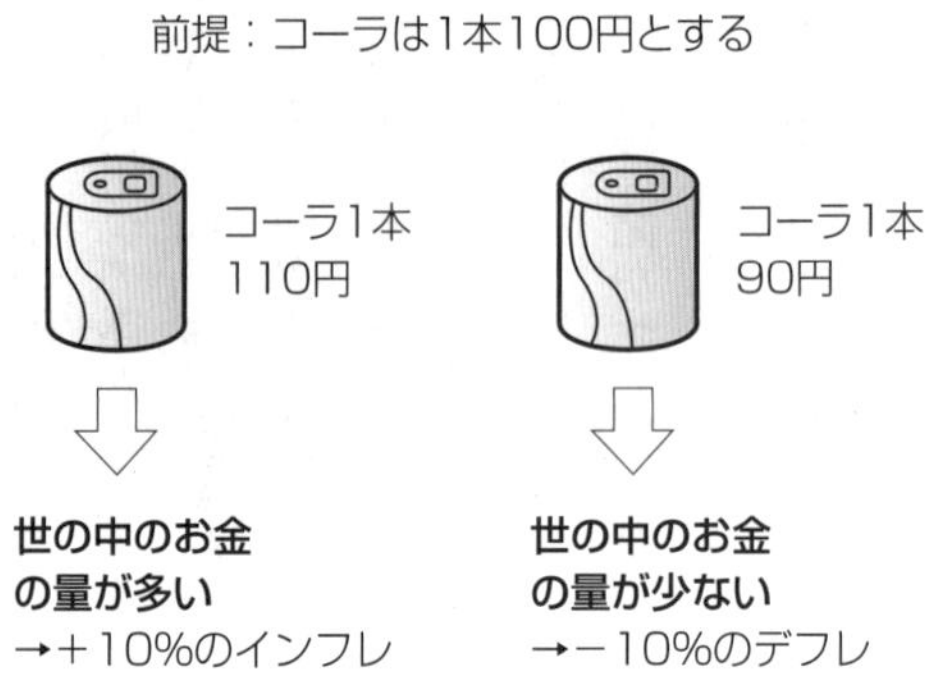

図７：コーラの値段とお金の量

うものなのでしょうか。

先　正式には、**インフレーション**と**デフレーション**といいます。どちらも国内における経済状況をいうんですよ。

まずインフレというのは、物の値段が高くなること。去年一本一〇〇円だったコーラが、今年は一一〇円になったとすれば、それはプラス一〇%のインフレという言い方になるんですね。それとまったく逆なのがデフレ。去年一本一〇〇円だったコーラが今年九〇円になれば、マイナス一〇%のデフレという言い方になる。つまり**物価の上昇率がプラスの場合はインフレ**。**上昇率がマイナスの場合はデフレ**になるの。（図

7参照）

竹　インフレになったり、デフレになる要因って何なんですか。

先　短期で見るか長期で見るかで要因は違うんです。短期の要因というのは、今日たまたま（コーラに対する）お客のニーズが高かっただけ、ということもあるから、上がったり下がったりで、実はよくわからないんだよね。

　でも**長期で見ると要因ははっきりしていて、お金の量だけ**なんです。極端なことを言えば、世の中のお金の量が二倍になれば、所得も二倍になるから、物価も二倍になる。逆に、世の中のお金の量が半分になれば、所得も半分になるから、物価も半分になる。つまり、**お金が増えればインフレになるし、減るとデフレになる**んです。これは、**貨幣数量説**といって、歴史的にもちゃんと証明されていることなんですよ。ちなみに日本語では、貨幣数量説っていって「説」なんだけど、英語ではQuantity Theory of Moneyといって、貨幣数量「理論」なんだよね。だれが「説」と訳したんでしょうね。

竹　つまり、**インフレになるとお金が増えるからお金の価値が下がり、逆に、デフレになるとお金が減るから、お金の価値が上がる**と。

先　そうですね。

竹　じゃあ、国内がインフレの時は円安、デフレの時は円高になるってことだから、インフレになれば輸出は増えて、デフレになると輸出は減るってことになるんですか。

先　極端なことを言えば、そうなります。だから多くの場合、**不況時はお金が少なくて、好況時はお金が多い**んです。たとえばバブルの時は、完全なインフレ。あれはちょっと、極端過ぎるんですが（笑）。

竹　肩書きなんかにもインフレってありますよね。議員とか役員とかって、数が多くなりすぎると希少価値がなくなって安っぽくなってしまう。お金も同じなんですね。

●経済成長率と金利と景気の関係って？

竹　経済成長率という言葉がありますが、これは景気と関係はあるんですか。

先　この**経済成長率には、実質成長率と名目成長率がある**んです。実質成長率というのは、物価の上昇率を考えない成長率で、名目成長率というのは、物価の上昇率を加

経済成長率には実質成長率と名目成長率がある

名目成長率＝実質成長率＋インフレ率

図８：経済成長率と名目成長率

えた成長率なの。

物価の上昇率っていうのは、言葉を変えればインフレ率だから**名目成長率＝実質成長率＋インフレ率**になるの。それでね、経済成長率というのは名目成長率か実質成長率かどちらかで見るんです。つまり、実質成長率が低くてもインフレ率が高ければ、名目成長率は高くなる。逆に、実質成長率が高くてもインフレ率が低ければ、名目成長率は低くなるんですよ。**（図8参照）**

竹　つまり、日本はデフレが続いていたから名目成長率が上がらなかったと。

先　そう、これは、この後にお話する金融政策と関係があるんですよ。（四三ページ

【金利が下がる】

企業がお金を借りる→経済活動が活発になる
→投資家が株を買う→**株価が上がる**

【金利が上がる】

企業がお金を借りない→経済活動が停滞する
→投資家が株を売る→**株価が下がる**

図９：金利と株価

参照）市場のお金が増えれば、金利が下がるからインフレ率も上がるでしょ。それに、企業がそのお金を使って事業ができるから、名目成長率ばかりか、実質成長率も上がるんです。でも日銀は、二〇〇〇年にゼロ金利政策を解除しちゃったし、二〇〇六年には量的緩和政策も解除しちゃった。だから、その辺りを境にだんだんと景気が悪くなってきているんです。

竹　これは、株価にも反映するものなんですか。

先　もちろんです。**株価は景気の鏡**って言うでしょ。つまり、金利が上がって経済活動が停滞すれば、企業の景気が悪くなって、

当然、株価は下がりますよ。（図9参照）

●財政政策と金融政策の違いって？

竹　インフレになるとお金が増えるから金利が下がって、株価は上がる。デフレになるとお金が減るから、金利は上がって、株価は下がる。じゃあ逆に、株価が下がって景気が悪い時は、お金の量を増やせばいいんですか？

先　お金が増えれば、経済活動が活発になるでしょう。だから、それも一つの方法。**経済政策には、財務省が担当する財政政策と、日銀が担当する金融政策の二つがある**んです。でもどっちも経済に与える効果は同じなんですよ、本当のことを言うと（笑）。ただ、アプローチが違うだけ。**財政政策は、事業を増やして経済活動を活発にする。金融政策は、お金の量を増やして、経済活動を活発にするの。**（図10参照）

竹　具体的には、どういうことをするんですか。

先　**財政政策は、公共投資と減税。**公共投資というのは、国が企業に仕事を発注する

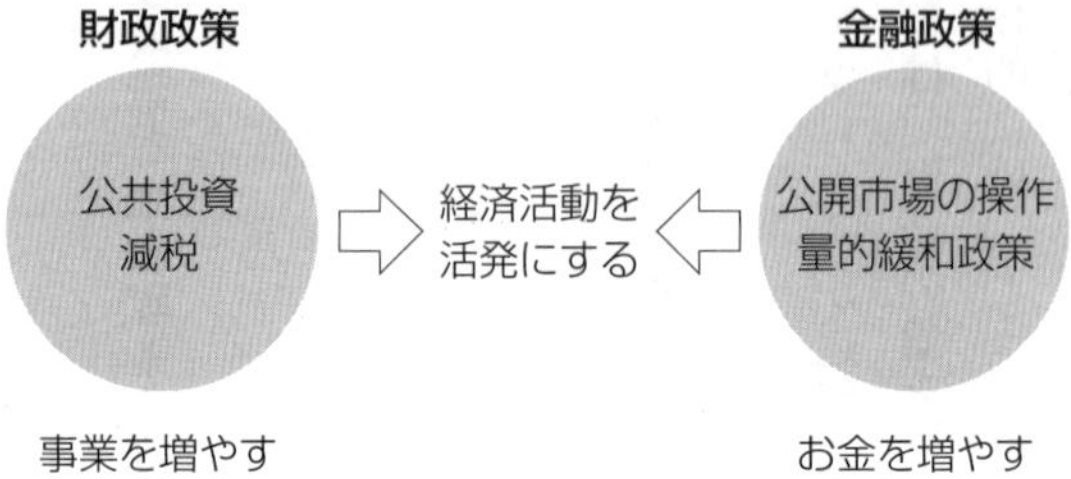

図10：財政政策と金融政策

わけだから、その企業を中心に経済活動が活発になりますよね。減税は、文字通り税金を安くするわけだけど、企業も家計も税金で持っていかれる分が少なくなるんだから、その分投資や消費に使えて、これもまた経済活動を活発にするんだよ。

次に**金融政策なんだけど、これは従来型の金利操作と量的緩和政策っていうのがあるわけ**。まず、金利の操作からいうと、これには公開市場の操作と預金準備率の操作っていうのがあるんです。でも、預金準備率の操作って実はあまりやってないの、操作性が悪いから。だから、これは忘れちゃってください（笑）。そうするとね、**従来**

型の金利操作というのは、公開市場の操作だけになるの。

竹　あれ？　公定歩合とか政策金利とか日銀が発表する金利ってありませんでしたっけ？

先　**公定歩合は、もうない**んですよ。ちょっと順を追って説明しますね。まず、昔は銀行って、日銀の指導が行き届いていて、しかも金利は大蔵省が規制してたの。そうすると、**日銀が民間の銀行に貸し出す時の金利で世の中の金利が決まる**から、操作できたんです。この**金利のことを公定歩合という**のね。でも、一九九四年に金利が自由化されて、民間の銀行同士でお金を借りられるようになったの。そうすると、公定歩合そのものに意味がなくなるよね。それで、これに替わったのが**政策金利**というもの。

竹　よく、誘導目標とかいうやつですね。

先　そう。でもこれは、公定歩合と違って金利を設定するわけじゃなくて、やっていることは誘導、つまり公開市場の操作なんです。

竹　うーん、その公開市場っていうので、どうやって金利を操作するんですか？

先　公開市場で何を操作してるかというと、国債とか手形みたいな有価証券を買い上

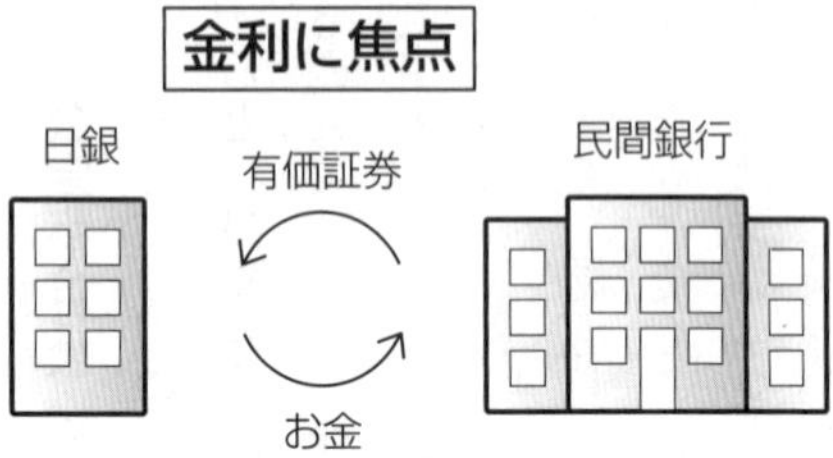

民間銀行はお金があるので、コール市場でお金を借りる必要がなくなり、短期金利が下がる
→民間銀行はコール市場でさらにお金を借りて企業や個人に低い金利で貸し出せる
→経済活動が活発になる

図 11：公開市場の操作

げて、民間銀行が日銀に開設している当座預金口座ってところにお金を振り込んであげるんです。そうすると、銀行のお金が増えますよね。ここまではオーケー？

竹　日銀が民間銀行にお金を入れるんですね。オーケーです。

先　さっき、民間の銀行同士でお金が借りられるようになったって言ったけど、具体的には**コール市場**というところでお金の貸し借りをするんですよ。でも、銀行のお金が増えたら、コール市場でお金を借りる必要がなくなりますよね。そうすると、**無担保コール翌日物**という短期金利が需要と供給の関係で下がるんです。

つまり、**この金利に連動して、銀行は低い金利でお金を貸してあげられるようになるの**。企業は借りたお金で事業ができるし、家計も仕宅や車のローンが組みやすくなるから、経済活動が活発になるよね。こういう仕組みなんですよ。**（図11参照）**

竹　なるほど、なるほど。でも、一方で金利が低いとお金が貯まらないから、家計では消費を控えて節約をしますよね。そうなると、市場のお金は増えないんじゃないですか？

先　たしかにそういう面もあるんです。節約っていうのは、家計の中では正しい。でも全員がそれをやったら、経済活動が活発化しない。これを**合成の誤謬**とかファラシーオブコンポジションっていうんだけど、**ミクロ経済の中で一つ一つは正しくても、マクロ経済で考えちゃうとダメになることがある**んです。だからこそ**景気というのは、守りを重視する家計よりも攻めを重視する企業に頼ったほうが、効果が期待できる**んですよ。つまり、企業が儲かれば従業員の給料も上がるでしょ。給料が上がって将来の見通しが明るければ、財布の紐も自然と緩むでしょ。

竹　ああ、よくわかりました。じゃあ、最後に残った量的緩和政策は、言葉を見ても

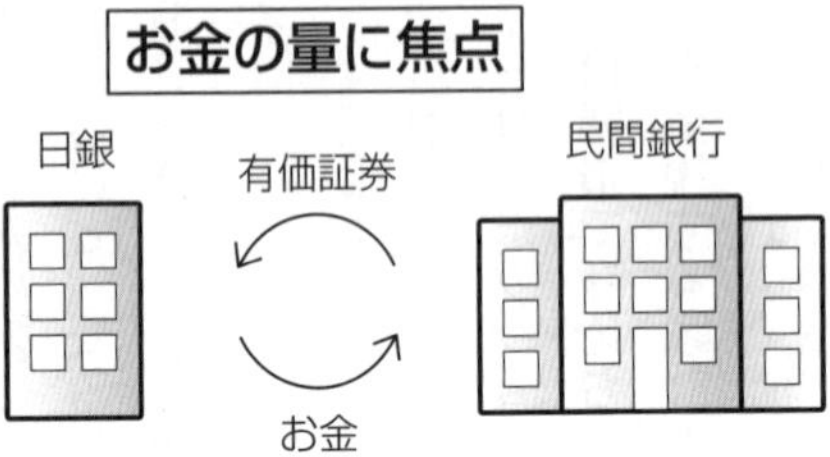

民間銀行はお金があるので、そのお金を企業や個人にたくさん貸し出せる
→経済活動が活発になる

図 12：量的緩和政策

違うように、これとはまた別の方法なんですね。

先　いや、ほとんど同じ。アプローチの違いだけ（笑）。というのも、お金の量と金利というのは表裏一体だから。だって、量が増えれば金利は下がるし、量が減れば金利は上がるでしょ。**需要と供給の関係は、物価だけじゃなく金利も同じ**なんですよ。

竹　たしかにそうですね。

先　つまり、**量的緩和政策というのは、公開市場の操作と同じように、国債や手形なんかを買い取って、民間銀行が持っている日銀の当座預金口座にお金を増やしてあげ**るんです。たった、これだけ（笑）。一方、公開市場の操作は、これで短期金利を下げることによって市場のお金を増やしますよね。だから、**金利と量、どちらに焦点を絞るかという違いだけで、本質的にはどちらも同じ**なんですよ。**（図12参照）**

竹　公開市場操作は金利、量的緩和政策は量を考える。だけれど、どちらも国債や手形を買い取って、日銀にある銀行の当座預金口座にお金を振り込む点では同じ。よくわかりました。

●財政政策と金融政策って効果はあるの？

竹　実際、財政政策と金融政策では、どちらのほうが効果があるんですか。

先　これは、固定相場制の時と変動相場制の時で、効果のある政策が変わってきます。**まず固定相場制の下では財政政策は有効ですが、金融政策は無効になる。逆に変動相場制の下では財政政策は無効だけど、金融政策は有効になる**んです。なぜだか、わかりますか？

	変動相場制	固定相場制
財政政策	× 金融政策と合わせれば効果あり	○
金融政策	○	×

図 13：マンデル・フレミングの法則（理論）

竹　うーん、わかりません（笑）。

先　残念。わかったら、ノーベル賞級だったんですよ（笑）。これは**マンデル・フレミングの法則**といって、ノーベル経済学賞を獲った人の理論なんです。ちょっとわかりやすく説明してみましょう。**（図13参照）**

まず、財政政策ですが、これをするにはお金が必要です。だから財務省は、国債を発行して借金をします。そうすると政府にお金が入って民間市場のお金は減るから、金利が上がります。ここまではいいですか。

竹　政府がお金を借りた分、市場のお金が減ると金利が上がる。はい、わかります。

先　ここからが違うんだけど、まず固定相場制の下では、通貨価値の維持が前提になるから、金利を下げる政策がすぐにとられます。だから、内需が拡大するという結果だけが残るから、効果があるんです。でも変動相場制の下だと、金利が上がってもそのまま。そうすると、金利がいいから円を買う人が増えて、円高になります。円高になると、輸出が減って輸入が増えます。せっかく内需が拡大したのに、輸入した物にお金を使っちゃうから、財政政策の効果は全部、海外に流れちゃうんです。

竹　つまり、**財政政策は固定相場制の下では内需を拡大させるけれど、変動相場制の下では、拡大した内需が海外に流れるから効果がなくなると。**こういうことですか。

先　その通り。次に金融政策ですが、財政政策とは逆に、日銀は銀行のお金を増やして、その結果、市場のお金が増えます。お金が増えると、金利が下がります。でも固定相場制の下では、通貨価値の維持が前提になるから、金利を上げる政策がすぐにとられます。つまり、お金を減らすわけだから、お金は増えませんよね（笑）。だから、効果はないんです。

逆に変動相場制の下だと、金利が下がってもそのままですよね。そうすると、金利

【財政政策】

・**固定相場制**

国債を発行する→市場のお金が減る→金利が上がる
→金利を下げる政策をとる→円高にならない
→輸出が安定する→**内需だけが拡大する**

・**変動相場制**

国債を発行する→市場のお金が減る→金利が上がる
→円を買う人が増える→円高になる
→輸出が減って輸入が増える
→拡大した内需は海外へ流れる

【金融政策】

・**固定相場制**

民間銀行のお金を増やす→市場のお金が増える
→金利が下がる→金利を上げる政策をとる
→円安にならない→輸出が増えない→**何も起こらない**

・**変動相場制**

民間銀行のお金を増やす→市場のお金が増える
→金利が下がる→円を売る人が増える→円安になる
→輸入が減って輸出が増える→**外需が拡大する**

図 14：マンデル・フレミングの法則（仕組み）

が良くないから円を売る人が増えて、円安になります。円安になると、今度は輸入が減って輸出が増えます。だから、外需が拡大するという結果だけが残るから、効果があるんです。

竹　ちょっと待ってください、頭を整理しないと（笑）。つまり、**金融政策は固定相場制の下ではお金の量が増えないから効果はないけれど、変動相場制の下では、企業もお金を借りやすくなるし、円安になって外需が増えると**。なるほど、たしかに財政政策とは逆ですね。じゃあ、日本は変動相場制だから、財政政策をしても、まったく効果はないんですか？**（図14参照）**

先　**財政政策をやると、やった直後はたしかに効果があるんです**。というのも、内需が拡大して円高になるまでしばらく時間がありますから。でも、しばらくすると輸出が減るから、結局全体で見ると、経済が動かなくなっちゃう。だからもし、**財政政策を完璧に効かせるのであれば、金融政策で円安をきちんとキープするという前提が必要になるんですよ**。

竹　つまり、財政政策と金融政策を同時にやればいいんですね。

先　そう。もしくはね、さっきオープンシステムとクローズドシステムの話が出ましたけど、**世界中で同時に財政政策を行うっていう方法もあります**よね。これは、たとえ財政政策の効果が海外に漏れても、他の国の効果が入ってくるから、効果があるんです。

竹　ああ、なるほど。みんなで扉を開けて、同時に暖めるということですね。

先　その通り。最近G20なんかの国際会議で、よく財政政策を世界同時に行おうっていう議論が出るのは、こういう理屈からなんです。でもね、財政政策には公共投資と減税があると言いましたけど、公共投資はあまり評判が良くないの。

竹　それはなぜですか？

先　**公共投資は、フェアじゃない**からです。これはあとで、説明しましょう。

●乗数効果って何ですか？

竹　公共投資をすると乗数効果があると言われていますが、どういう意味でしょう？

先　経済学では、**消費をすればするほど波及効果が大きくなる**という理論があるんです。公共投資をすると、その事業に関わった企業にお金が入りますよね。そうすると、その企業はお金を使って、また新たな事業を始められます。その新たな事業には、またいろんな企業が関わって、さらにその企業の従業員の給料が消費に使われてと、どんどん経済が活発になりますよね。これを**乗数効果**っていうんです。

竹　あっ、ヴァーチャルなお金の増え方と同じなんですね。

先　そうそう、あれと同じ。たとえば、公共投資を一やると、四とか五とかになるっていうことですよ。ただし、**今はもう、この効果はない**んです。さっき言ったように、変動相場制の下では、円高の状態だと、その効果は海外に流れちゃいますからね。

竹　乗数効果が今の状態では期待できないのはわかったんですけど、そもそも財政政策で内需は拡大するんでしょうか。

　というのも、麻生内閣で二兆円の定額給付金の支給が決まりましたが、それによって国の借金が増えるということは、いずれ増税をせざるを得ないと。それを国民が見越して、消費が伸びなかったりするんじゃないでしょうか。

先　おっしゃる通り。二〇一一年に増税するって決まっちゃいましたもんね（笑）。こういうのを、**自己破滅的予言**とか**自己実現的予言**と言ってね、みんながそう思い込むと、時々とんでもない事になるんですよ。

竹　何か言っただけでも特定の方向に強い影響を与えてしまうと。

先　そう。たとえば、さっき言った政策金利みたいに政府は目標を立てて、政策をやりますよね。そうすると**目標を立てるだけで、それが実現しちゃうこともある**んです。結果がそうなるんなら、そっちに動いたほうが有利だから、それを前提として世の中が動いてしまうんですよ。政府の役人が「今の水準はこうです。でも将来こうなるように、こんな政策をします」って言うと本当にそうなっちゃう（笑）。

竹　つまり、実際には介入しなくても？

先　介入しなくても「こういう水準だ」って言うと、そうなる手段を持っているとみんなは思っているから、そう動くんです。逆に手段がないと思ったら、反対の方向に動いちゃう。だから、やるかどうかを迷っているような情報を下手にリークすると大変なことになるんです。

話を戻すと、「景気を刺激する」ってことで給付金を出していれば、**政府は景気を良くしようという目標を立てて政策を打ち出しているんだから、これからどんどん景気が良くなる**って国民は思ってくれますよね。でも同時に「増税する」って言っちゃったら、**やっぱり国の財政は厳しいみたいだから、将来のために蓄えておかないと不安だ**って国民は思っちゃいますよ。そうすると、給付金を出したところで消費は伸びないから、経済活動が活発化しない可能性はたしかにあるの。

竹　普通はそう思っちゃいますよね。

先　とはいえ、多少の効果はあると思うんです。というのも、人間って不思議なものでね。お金があれば財布の紐も緩むんです。だから、財政政策をすれば、その時だけは内需が拡大しますよ。

竹　でも、その時だけ内需は拡大するけど、円安じゃないと輸出の減少で相殺されちゃうから、結局は今のままじゃ効果がないと。

先　そう。金融政策できちんと円安をキープしていないと、結局はその効果は海外に流れちゃうんです。

●外国人のブレーンには要注意？

先　でも、金融政策をするしないにかかわらず「公共投資は効果がある」って言ってる人もいるんですよ。その一人が、麻生さんのブレーンをやってるリチャード・クーさん。通称・地底人（笑）。

竹　ち、地底人？

先　そう。地球上にあるどんな経済学の教科書にも載ってないようなことを言うから、もはや地上に住んでる人じゃないんじゃないかと。だから、彼のことを地底人って言う人がいるの。

私がよく取り上げるマンデル・フレミングの法則は、一九七〇年代に発表されたんです。でも、ノーベル賞を獲ったのは一九九九年なんですよ。つまりね、正しい理論だとは思われていたけれど、それでも三〇年近く時間をかけて検証されているんですよ。逆にそうじゃないと、ノーベル賞の権威なんてなくなっちゃいますからね。だから、クーさんが「公共投資は有効だ」って言っても、学者は誰も相手にしないの。

竹　本人は本気で正しいと思ってる？

先　かもしれない（笑）。でも、彼の名誉のために言えば、実際にあるテレビ番組で話したんだけど、金融政策も否定してませんでしたね。ただ、順番が違ってて、財政政策をまずやって、次に金融政策という話でした。だから、地底人って言うほどじゃないですよ（笑）。でも、「効かない」ことがこんなに明らかになっても、**公共投資は絶対になくならない**んです。

　たとえば、**官僚が反対しないのは、事業が天下り機関に発注されるから。国会議員がやりたがるのは、地元の需要を増やす事ができるから。さらに首相がやりたがるのは、一時的とはいえ景気も良くなって、いいアピールになるから**なんです（笑）。こう考えると、クーさんにも何かインセンティブがあるんじゃないかとしか思えないんですよ。

竹　それはどういうインセンティブなんでしょうか。

先　あくまでジョークですよ（笑）。クーさんは日本の企業に勤めているんです。だから今は円で給料をもらっているけれど、外国人だから、いずれまた海外で暮らすんですよ。これで、もうわかっちゃいますかね？

竹 え～と、あっ、そうか！　つまり、公共投資を推奨して実際、その政策が行われれば、円高になると。その時に円をドルに換えれば、儲かりますね。そういうインセンティブですか。

先 さらに言えば、やっても効かないもんだから、何度でもやるでしょ。何回でも儲かるよね（笑）。

竹 じゃあ、クーさんってマンデル・フレミングの法則を知っててわざと言ってるんですか？

先 知ってるかもしれないけど、信じてはいないよね、少なくとも表向きは。だって、真っ向から否定してるわけだから。だから、仮にそんなことになっても、誰も咎められない（笑）。

竹 うわ～、完璧なロジックですね。

先 麻生さんが首相就任当初、盛んに「財政出動による景気対策！」って言ってたけれど、もう公共投資のことはあんまり言わなくなったでしょ。一つは、さすがの麻生さんも周りの人に「クーさんのことあんまり信じちゃダメですよ」って言われたのかもしれない。もう一つは、こんなに円高になって、クーさんもすっかり満足したって話。まぁ、ジョークですけどね（笑）。

竹　まぁ、地底人という噂も含めて、あくまで都市伝説の一つなわけですね（笑）。

先　実際ね、日本に拠点を持ってる外国の人って、円ベースでサラリーをもらっている人が多いんですよ。そういう人が経済の話をすると、どうしてもこういうインセンティブがあるんじゃないかって、疑っちゃいますよね。

竹　そういう意味では、リチャード・クーさんにはインセンティブがあるけれど、先生にはインセンティブはない？

先　あえて言えば、こういうことを言うのが好きなだけ（笑）。

竹　あっ、そうですか（笑）。でも、いつまでたっても役に立たない公共投資がなくならないのは、そこにいろんな人のインセンティブが絡んでいるからなんですね。なんだかバカヤローな仕組みですね。

●日本銀行のエラい人は……

竹　でも今のままじゃ、経済政策に公共投資は効かないってわかってるのに、日銀はなんで、金融政策でバンバンお金を増やさないんでしょうか。

先　ズレてますよね。ＦＲＢ（連邦準備制度理事会）のベン・バーナンキだって、首をかしげてる。去年（二〇〇八年）、日銀の総裁を選ぶ時だって、こんな議論さえなかったでしょ。不思議な国ですよね。

たとえば、海外の原油価格が上がるとインフレになるからだって言うんだけど、日銀が国内にお金を出してないから、インフレにはならないよ。原油価格が上がれば、食料も上がると、これは正しいですよ。でもこれ、みんな海外での話なの。ここで儲かるのは、海外の輸出業者。日本の輸入業者はみんな、獲られるだけなんだよね。**日本人はお金もないのに、ただ高いものを買わされてる**ってこと。

でね、日本の所得は、二〇〇八年前半の資産インフレでだいたい二五兆円損しちゃったの。だからホントは、この二五兆円を穴埋めするために何かしなきゃいけないんですが、何もしてないんですよ。

竹　二五兆円！　うーん、それは、なぜできないんですか。

先　なぜでしょうね（笑）。もう逆にデフレですからみんな忘れちゃったけど。大学の入試問題に出るようなレベルの問題なんですけどね。私の子供に聞いてもわかってたもん。一つの仮説は、日本銀行の総裁が凄いバカだって話。でも、いくらなんでも周りに一人くらいは経済学を知ってる人がいるだろうから、これはちょっと否定されてるんですが（笑）。

竹　日銀の総裁になる人って、経済学を勉強してないんですか。

先　今、総裁をやってる白川方明さん（二〇〇八年〜日銀総裁）は、比較的経済学をキチッとわかってる人だから、前の福井俊彦さん（二〇〇三〜二〇〇八年日銀総裁）ほどバカなことは言わないんですけど、それでも今までやってきたことを否定するような、大胆な政策には踏み切れないんですよ。

竹　えっ、福井さんって、そんなにダメだったんですか。福井さんのとった量的緩和政策の強化って、海外でも評価されていたんじゃ……。

先　まずね、お金を増やすのを「金融緩和」、逆に減らすのを「金融引き締め」というんだけど、デフレを脱却するには、お金を増やす必要がある。だから、金利の操作とは別に量的緩和政策を推し進める。ここまでは、正解。

でも、デフレから脱却してないのに引き締めちゃったのよ、福井さんは。二〇〇六年に緩和政策を解除して、また金利引き上げちゃったでしょ。あれで、すべてがパーですよ。

竹　すべてがパー……ですか（汗）。でも、たしか、あの時も金利は〇・二五％でしたし、今もたかだか〇・一％ですよね。もともと低金利じゃあないんですか。

先　あのね、ここがミソなの。金利って、名目金利と実質金利があるんですが、〇・一％というのは、名目金利。でも、**本当に重要なのは実質金利**なんですよ。これは何かというと、名目金利からインフレ率を引いたものなんです。つまり、**実質金利＝名目金利－インフレ率**なの。でもデフレだとね、インフレ率はマイナスになるから、実質金利は上がるんですよ。

福井さんはインフレ率がゼロにならないマイナスで名目金利を引き上げちゃったの。だから実質金利が上がって、また景気が悪くなっちゃった。

竹　うーん、名目金利と実質金利の区別がつかない日銀総裁ってなんなんだろう。インフレ率がもっとプラスになってから金利をあげるべきだったんですね。

先　白川さんも最近、やっと〇・一%に下げたけど、金融危機が起こってすぐの頃は、〇・五%から〇・二%だけしか下げなかったでしょ。日銀が金利を下げるって発表があって、株価も一時上昇したんだけど、〇・三%ってことでまた下がっちゃった（笑）。世界中の政府が金融危機に即座に反応したっていうのに、遅い遅い。

竹　なんでもっと思いきって下げなかったんでしょう？

先　これがもう一つの仮説でね、**日本銀行には「引き締めるが勝ち」ってDNAがあるらしい**んです。これは戦時中、お金が必要だからっていうんで、いっぱいお札を刷ったの。そうしたら、ハイパーインフレになっちゃってさあ。これが今でもトラウマになってるんだよね。だから、そういうDNAがオーバーライズしちゃって、経済学を学んだはずの白川さんでもやっぱり勝てないんだよね。

竹　日銀は、戦時中のトラウマを今も引きずっている？　そうなんですかぁ。

先　でも、福井さんの前の総裁だった速水優さん（一九九八〜二〇〇三年日銀総裁）って人は、もっとひどかった。デフレを何とか改善しようってみんなが言ってるのに、「これは良いデフレだ」とか平気で言っちゃうんだもん。人の言うこと聞かないっていうより、そもそも聞こえてないのかもしれない。本当に凄かった（笑）。

竹　日銀の政策委員会には、総裁の他にも委員が何人かいますよね。仮に総裁がダメだとして、その他の委員が諫言（かんげん）できなかったんですか。

先　そりゃ一人くらいは、経済学を学んだ人もいるでしょう。でも、そういう人を選ぶから、「類は友を呼ぶ」っていう感じ（笑）。絶対に、まともな人が入らないんですよ。

竹　バカヤローだよ全員集合ってわけですね。一国の中央銀行なのに、なんだか、樽の中身ごと腐ってるって感じですねぇ。ちなみに日本以外の国では、どういう人が中央銀行の総裁になるんですか。

先　世界の中央銀行の総裁っていうのは、まず間違いなく経済学の博士号を持っていますよ。でも、**福井さんは法学士ですからね。こういう人が会合に出ると、一人だけ**

学生が交じっているかのようになる。これは、ちょっと恥ずかしいですよ。

竹　どへ～、日銀総裁が経済の専門家じゃなかったなんて、国民のほとんどは知りませんよ（汗）。じゃあ、海外の中央銀行の総裁というのは、経済学の大家というか、そういうキャリアのある人？

先　もちろん。アメリカのベン・バーナンキは経済学の先生だし、ノーベル経済学賞をとるかもしれない学者ですよ。イギリスのマーヴィン・キングっていう人もスゴく立派な学者だし、それが普通なんですよ。その中にひとり、法学士で英語が出来ない人がいたら、はっきりいってちょっと異常ですよ。もちろん、白川さんは英語ができますよ。出来るけど彼は博士号を持っていない。それはものスゴいビックリっていうか、「いったい日本はどういう国なの？」って感じなんです。

竹　この前の日銀の人事では、副総裁に、**インフレ・コントロール・ターゲット**を提唱していた伊藤隆敏さん（経済財政諮問会議の元メンバー）が候補になってましたよね。

先　そうそう。**誰がどう見ても、あの人だけが世界標準ですよ**。

竹　なのに、ダメになったわけですよね。

先　それは、選ぶ国会議員がバカなのね。インフレ・コントロール・ターゲットというのは、別に何かコントロールするっていうことじゃなく、前にも言ったように**当局は手段があれば、目標を言ったほうが効果がある**ということですよ。

竹　例の自己実現的予言ってやつですね。なるほど、最初に目標値を言ってしまったほうがいいと？

先　効果もあるし、目標値を言えば評価もできるでしょ。何でもそうなんですが、目標って、企業でも官庁でもどこの世界にもあるんですよ。目標値が達成できなかったら、その長が責任を取るっていうのが普通なんです。

竹　企業の場合だったら、売上達成目標みたいなもの？

先　同じですね。その目標を達成しないとペナルティーがあるから、一所懸命にやるでしょう。つまり、**ペナルティーっていうのも、インセンティブと一緒で経済学の基本**なの。そのためには、最初に目標を宣言させるのが一番いい。でもそれは、結構キツいですよ。

企業なんかでもね、「目標立てろ」って言われて立ててみても、目標が低かったら「目標がダメ」と言われる可能性もあるでしょ。でも逆に、高すぎると「達成できなかったらお前ダメだ」と。そうするとね、ギリギリ一番高いところをみんな言うの（笑）。こういうのが、経済学の発想であるわけ。それを達成したらその人は○、達成できなかったら×という仕組みがあれば、人間は一所懸命やるんですよ。

話を戻しますけど、日本銀行の政策というのは、物価の安定が目的なんですよ。物価というものは数値で言えるから、目標も数値目標であったほうが、素人でも誰でも結果が後でわかる。だから極端に言えば、「あと二年間でインフレ率をこうします」と言うのが世界の標準なんですよ。そういうふうに言わせたほうがうまくいくし、仕事がよくわかるの。で、これを一番最初に言ったのがベン・バーナンキ。

つまり**目標を宣言することが、実は金融市場にもいい効果をもたらす**と、こういう言い方をしてるんですよ。

竹　なるほど。そうなると思うから市場もそう動くし、政策を出す側もペナルティーがあるから真剣にやると。

先　そういうことです。どこの国もやっているから、確実に実行できるとみんなが思っているわけですよ。**日銀の独立性**なんて言葉があるけどさ、あれも理解の仕方が間違ってるんだよ。つまりね、**金融政策は財政政策と分かれているから「手段の独立性」はあっていいんだけど「目標の独立性」はあっちゃダメ**なの。これは、政府と一緒になってやらなきゃダメなんですよ。

竹　二〇〇八年の日銀総裁の任命劇を見ていると、自民党が財務省出身の人をどんどん出して、それを民主党が「原則的に財務省は全部ダメだ」って言ってましたが、あれってスゴく馬鹿げてますよね。

先　そうそう。**中央銀行の総裁選出のおバカな例として、たぶん歴史に残りますよ、これ**。だから、**「誰が」なんてどうでもよくてさ、問題は「何を」きちんとやるか**なんですよ。「誰が」に依存すると、その人が変わっちゃうとダメになる。だから「何を」しなさい、のほうがいいんです。極端な話、キチンと仕事してくれる人なら誰でもいいです、っていうのが普通なんだから。

竹　日銀にカリスマ経営者みたいな人はいらないと。

先　いらない。でも、何をするかをきちんと言ってくれる人がいい。そうすれば、言ったことを上手くできなかったら代えればいい、ということですよ。

竹　もし副総裁に伊藤さんが入っていたら、多少は変わっていましたかね？

先　全然違うでしょうね。総裁選でみんないろんなこと喋ってたけど、**合格点は伊藤さんしかいなかった**。

竹　じゃあ、民主党はどうして反対したんでしょう。

先　伊藤さんは政府に協力してたから。つまり、自民党寄りだから気に入らない。本当にとんでもない決定ですよ（笑）。

竹　民主党もバカヤローですね。つまり、この件だけに関しては、民主党が参議院を押さえていたというのは日本にとって非常に不幸だったと。

先　不幸でしたね。自民党も、「誰を」ということばかり言って、「何を」と言わなかった可能性があるから、五十歩百歩かもしれませんが。でも少なくとも、伊藤さんを落としたってことは、**日本には政策能力がまるでないってことを世界に示した**ことになるでしょう。

●量的緩和の最終手段！

竹　今の日銀は、できることなら金融緩和をしたくないと考えているんですよね。でも、この金融恐慌まっただ中の非常事態ですから、これは何とかしないといけないのでは？

先　何とかしてもらわないと困りますよね。でも、どうしても日銀がやらないって言うんなら、これはもう、日銀以外の誰かがやらないとしょうがないですよね。

竹　えっ？　日銀以外でも、金融政策ができるんですか。

先　もう、最終手段だけどね。竹内さん、千円札持ってます？

竹　あります。

先　千円って文字の上に何て書いてあります？

竹　（財布から千円札を取り出す）え～と、「日本銀行券」って書いてあります。

先　じゃあ、十円玉持ってます？

竹　はい。

先　そっちには、何て書いてあります？

竹　え〜と、「日本国」って書いてあります。あれ？　書いてある文字が違いますね。これは、どういうことですか。

先　つまりね、**お金って、政府が発行しても日銀が発行しても、どっちでもいいの**（笑）。だから、**どうしても日銀が量的緩和に踏み切らないっていうんなら、いっそ政府が二〇兆円札とか発行して、日銀に持って行って、両替してもらったらいい**んですよ。

竹　うわぁ、そんなことが可能なんですか！　しかも一枚だけの二〇兆円札!!

先　法律的には可能なの（笑）。というのも、今は**お札が「日銀券」、硬貨が「政府貨幣」**って呼ばれてるんだけど、「政府貨幣」は別に紙幣でもいいんです。これは、通貨に関する基本法にも**政府の貨幣発行特権**というものがちゃんと明記されてるんです。さらに言えば、発行に上限がないから、刷れば刷っただけ、財政収入になるの。

竹　どへ〜！

先　「どへ〜」でしょ（笑）。でも、ちょっと考えてみてください。お金がない時、国は国債を発行してお金を調達するわけですよね。利子がつくかつかないかの違いだけで、やってることは、あまり変わらないわけですよ。実際、経済学者の中でも「国債の代わりにお金を刷れば？」って意見もあるわけ。

竹 はぁ～。あまりに単純な論理だったんで、逆に盲点でした。でも、経済学者の中にも、そういう意見を主張する人がいるんですね。

先 いますよ、それもノーベル賞を受賞してる学者がね。Ｊ・Ｍ・ブキャナンにミルトン・フリードマン、さらにはポール・クルーグマンまで、みんな言ってますよ。

竹 世界的にみれば、結構当たり前のことだったりとかするんですか。

先 もちろん、これは**非常事態用の最終手段**。リスクも色々と発生するだろうから、常識的な行動だとは私も思ってませんよ。

竹 でも、日銀がどうしても市場にお金を増やさないのなら、これをやるしかないと。

先 そう。それで、どんどん市場にお金を増やせばいいんですよ（笑）。

竹 でも、そこまでやると、さすがにインフレになってしまうんじゃ……。

先 大丈夫。今は、氷風呂に入ってるような状態だから（笑）。二〇兆円札が一〇〇度の熱湯だとしても、氷なんて溶けないよ。もちろん、普段だったらありえないけれど、一〇〇年に一回の金融危機って、言葉を変えれば**一〇〇年に一回のデフレだから、よほどのことがない限り、インフレにはならない**ですよ。ただし、温度計は、やっぱりよく見ていたほうがいいですけれどね。

竹　温度計というのは？

先　インフレ管理目標。さっき言ったインフレ・コントロール・ターゲットってやつでね、目標を超えた時点でお札を刷るのをやめれば、ヤケドはしないの（笑）。でも、二〇兆円ぐらいなら間違いなく大丈夫だよ。

●円高・株安の原因はなに？

竹　二〇〇八年のサブプライムローンやリーマンブラザーズの破綻によって、日本も円高・株安が進行していますよね。その原因は、**円キャリートレード**といった金融商品だと言われていますが、それってどういうものなんですか。

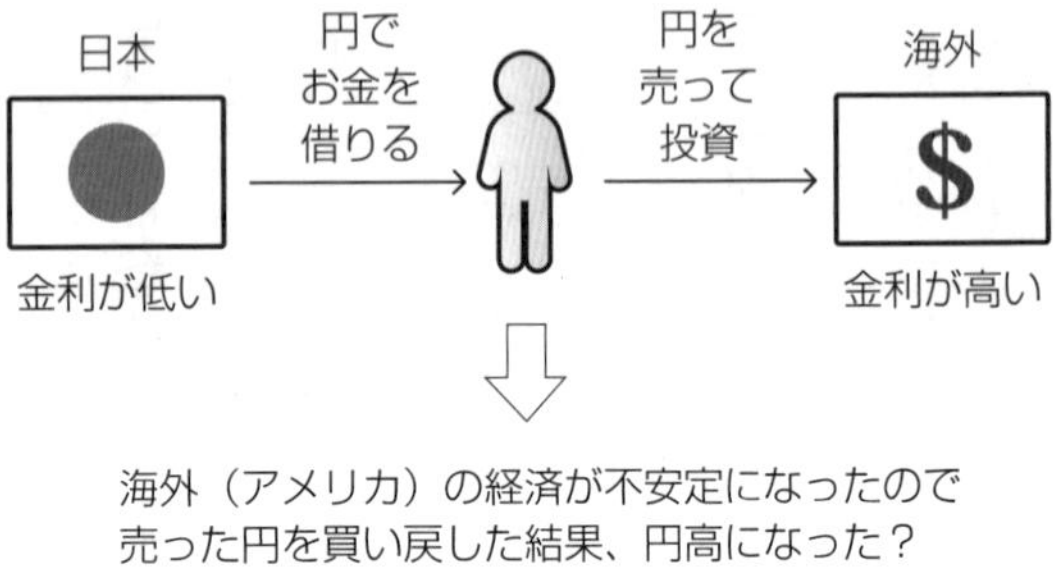

図 15：円キャリートレードの仕組み

先　円キャリートレードが何かって言うと、**日本の金利が低いから、まず円を借りて、このお金で利回りのいい外貨や株式を買って儲けよう、という仕組み**なの。で、経済が不安定になったから、外貨や株式を売ってみんなが円を買い戻した。だから今、円高になって日本の景気が悪化してるんじゃないか、という話があるんですよ。**（図15参照）**

竹　つまり、今の円高・株安の原因は、日本の低金利にあると。

先　そういう意見をすぐ信じないためにも経済学的思考は役に立つの。まず、サブプライム問題の日本の被害総額は一兆〜二兆円くらい。これはアメリカの被害総額と比べると、ケタが二つ違うんです。さらに、リーマンブラザーズの破綻による被害額は、世界で一三〇兆円くらい。でも、日本はその一割の被害もないんです。つまりね、円キャリーを使った金融商品がどれだけの規模だったのかは誰にもわからないんだけど、この数字を見る限りは、円キャリーだけが原因だってことは、まずないでしょう。

むしろ、日本の景気が減退したのは、**金融政策の失敗がはじめ**にあって、その次に世界金融危機が襲ってきたからなんですよ。つまり、金融政策の失敗で坂道を下っていたら、いきなり後ろから押されて、真っ逆さまになった、というのが説明としては正しいと思うんです。世界金融危機の影響はもちろんあるんだけど、金融政策の失敗の最中に起こったから、影響甚大だったんだろうね。本当は、日本へのサブプライム問題の影響って軽微だったはずなんだよ。

竹　やはり日銀がダメだったからなんですか……たまんないな。日銀、どんだけバカなんだって話ですよね。

先　そうそう。それともう一つ、今の金融危機に拍車をかけたのは、ＣＤＳ（クレジット・デフォルト・スワップ）っていう証券化商品なんです。これは、お金を貸した企業が倒産した時は、その企業に代わってお金を返しますよっていう商品なの。

竹　保険みたいなものですか。

先　保険みたいな金融商品です。普通、保険というのは、膨大なデータからリスクを導き出して掛け金を決めるんだけれど、新しい商品でデータも少なかったから、安い掛け金で広く普及させちゃったの。あれが失敗。

だから本当は、証券会社が潰れたってたいした影響は出ないはずなのに、ＣＤＳのおかげで、その商品を扱った企業すべてが影響を受けるようになったんです。でも、これも政府が「やれ！」と言ったわけじゃないの。基本的には、民間がやったことなんですよ。たしかに波及具合にもよるんだけど「やりました。失敗しました。助けてください！」って言われても、これじゃ「ノーリスクハイリターン」だからあり得ないよね。周りの人の反感も買うだろうし、資本主義の下では、助け辛いんだよ。

■コラム［スーパーコンピュータ並みのプログラムも失敗？］

二〇〇八年の世界同時不況の原因のひとつに銀行や証券会社が使っていたリスク評価プログラムの問題があげられている。金融機関にあるリスク管理プログラムには（通常）二種類ある。

第一は、毎日の取引を監視するもので、たとえば問題が生じた資産を売却することなども含まれる。このプログラムには最初からサブプライムローンなどの危険因子は組み込まれていない。また、ふつうの経済情勢なら、プログラムが「問題あり」と判定した資産はすぐに売却できるが、いったん金融危機が始まると、そもそも現実の市場で「問題あり」の資産を売ること自体が不可能になってしまう。

第二のプログラムは、経済情勢の変化にともない、返済が滞りそうな借り手のリスクを評価するプログラムだ。二〇〇八年の金融危機では、この手のプログラムにも意外な盲点がみつかった。それは、自分自身が返済できなくなる可能性を計算に入れていなかったことだ。つまり、銀行や証券会社自身の資金調達が困難になることは想定外だったのだ。

つまり、スーパーコンピュータ並みのリスク管理プログラムを走らせていても、そのプログラムも人間が設計したものであり、必ずしも複雑な経済要因のすべてを組み込んだものではなかった、ということなのだ。

ハイテクのコンピュータは素晴らしいが、過信は禁物。いざというときには、やはり、ローテクの金融マンの「勘」が物を言うのかもしれない。

ちなみに、ボクはこの事実を『ニューサイエンティスト』という科学誌の記事で知った。これからは経済学もサイエンスの視点から眺めると面白いかも。

●金融工学って何ですか？

竹　金融商品の設計は、金融工学に基づいていると言われていますが、そもそも金融工学っていうのは、何なんでしょうか？

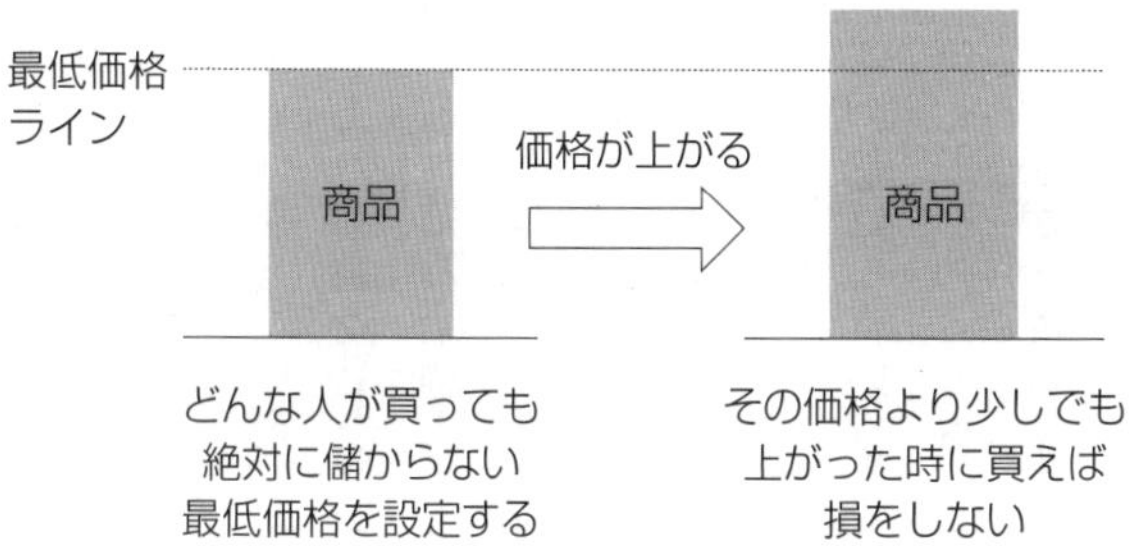
最低価格
ライン
価格が上がる
商品
商品
どんな人が買っても
絶対に儲からない
最低価格を設定する
その価格より少しでも
上がった時に買えば
損をしない

図 16：金融工学の仕組み

先　**金融工学**っていうのは、**マーケットで金融商品がどう評価されるのかを理論的に推測する学問**なんですよ。具体的には、**株式やオプションや先物などの評価を、確率と微分を使って方程式で読み解く**んです。だから、経済学者よりも物理とか数学をやっている人が強い学問なんですよ。

竹　経済学よりも理系の学問に近いんですね。

先　そう、数学そのものです。だから経済学者は、実は苦手な学問なの（笑）。

竹　なるほど（笑）。これは、そもそもリスク管理の手段だったんですか？

先　そう。金融商品を扱うことって、やっ

ぱりリスクに晒されるわけですよ。そこで、**どうすれば、損をしないか**を考えるのが、この学問のポイントになってるの。具体的に言うとね、必ず儲けちゃうスーパーマン（投資の達人）がいると仮定します。次に、ある金融商品に、このスーパーマンが何をやっても儲からない最低価格を計算するんです。でね、この最低価格より高くなった時に、この金融商品を買えば、かなりの確率で損はしませんよと。これが、金融取引に用いられてる金融工学なんです。**（図16参照）**

　でも、これはいろんな条件を考慮して、この取引に参加している人全員が合理的に行動している、という前提があるから、少しでも条件と前提が狂えば損をすることだってあるんですよ。

竹　有効だけど、さまざまな条件や前提の上で成り立ってたんですね。

先　そう。昔はこういうことって、少数の人がやってて、条件や前提もその時々で変えて計算してたの。でも、証券会社なんかが扱うようになると、いちいち計算はしないよね。誰かが一度、簡単な条件で計算して、そのあと前提も狂っちゃってるのに「これが儲かりますよ」って、あちこちで売るわけですよ。もちろん、使い方を知っていれば有効な手法ではあるけれど、使い方もよく理解されないままもてはやされちゃったんだよね。

竹　本当の仕組みを数式レベルで理解していた人は少なかった？

先　証券会社の中でも、商品開発者ぐらいしか知らなかったと思いますよ。それと、複雑な条件で計算するとお客さんに説明しづらいからっていうんで、簡単な計算式にあえて置き換えちゃうの。こうなるともう、この計算自体に意味はなくなっちゃうよね。**たまたま上手くいってた時は良かったけど、今みたいになっちゃうと、何でもかんでも金融工学の責任。**

竹　「金融恐慌を起こした張本人、それは金融工学、オマエだ！」ってなっちゃってるんですね（笑）。

先　そうそう。だから、そういうこと言う人に聞いてみるといいですよ。「そうですか。ところで、金融工学ってどこら辺が悪かったんですかねぇ～？」って（笑）。答えられるわけないの、知ってる人なんてほとんどいないんだから。

竹　なんか「金融工学＝悪」という発想は、「文明の利器＝悪」と似ているところがありますね。つまり、使い方さえ間違わなければ、リスクマネジメントに有益なものなのに、間違った使い方をする人がいるために、否定されてしまうという。

先 そうですね。責任があるとすれば、金融工学を邪道に使ってしまったある一部の人たちでしょうね。ジェダイの騎士だったはずなのに、ダークサイドに埋め尽くされちゃった（笑）。

竹 それはつまり、金融工学の計算式は本来、複雑なものであることを知っていながら、単純化した式を導き出した人たち？ バカヤローな奴らですね！

先 欲が出ちゃったんだろうね。こういう時って、たくさんの人が同じくらいの知識を持っていれば「あいつ、いい加減なことやってる」とチェックできるんだけど、残念ながら、いなかったんだね。

竹 でも、たとえばこういったことを未然に防ぐ発想というか、危機管理の意識は政府にはなかったのでしょうか。

先 そもそも、文系ばかりのお役人には金融工学の仕組みさえよくわからないから、どんなリスクをはらんでいるのかもわからなかったと思いますよ。というか、東大だって、確率論と微分方程式をきちんと勉強した理系の学生の人数って、毎年たかだか五〇人ぐらいでしょう。官庁も、理系が入ると聖域を侵されるからっていうんで、嫌がるし。それに、そもそも数学者って変わり者ばっかりでね、ほとんどが学者になっちゃうでしょう（笑）。

竹　じゃあ、役人に数学科出身者はあまりいない？

先　**財務省で数学科卒業した人って、私が知っている限りでは、十人いるかいないかじゃないですかね。**

竹　えっ？　そんなに少ないんですかっ！

先　少ないんですよ。もう**変人枠ですから**（笑）。まぁ今は、中途採用で人を入れようという動きもあるにはあるんですけどね。

竹　だから、日本政府には、危機管理の方法を思いつく人がいなかったんですね。でも、アメリカ政府の場合は中に数学者もいるから、わかっている人がいたのでは？

先　わかってる人はいたでしょうけど、**アメリカはそもそも、日本よりもずっと市場原理を重視する国**ですから。そういう発想にはならなかったんでしょうね。

竹　金融工学の教科書を開くと必ず載っている、**伊藤の補題**ってありますよね。これは**ブラック・ショールズ方程式**の導出の基礎になったと言われてますけど、日本の金融工学のレベルは、海外と比べても高いんですか。

先　ごく一部の人のレベルは、すごく高いですよ。というのも、さっきも言ったように、金融工学のベースになってるのは数学の確率論と微分方程式で、日本の数学レベルは決して低くないですから。去年お亡くなりになられましたが、「伊藤の補題」の伊藤さんはもともと確率論の先生だったんですよ。金融工学に役に立つとはこれっぽっちも思ってなかったみたいで、あとになって「どうしてこんなに役に立つんですかね」って言ってたらしい（笑）。

竹　そうなんですか（笑）。

先　そりゃ、そうでしょう。自分の作った確率微分方程式が、縁もゆかりもない金融業界のオプション価格の評価式に生かされたなんて、夢にも思わなかったでしょう（笑）。

竹　金融工学の評価式って、ブラック・ショールズ方程式だけなんですか？

先　いや、そんなことありませんよ。評価する式というのは、たくさんある。ブラック・ショールズ方程式は、一番最初に世に出た式だから有名なんですよ。そもそも私はこちらの専門ですから、やってみたことがあるんだけど、たしかに伊藤の補題を使うと、スススッと解けちゃう（笑）。**物理で習った「熱伝導方程式」と同じ**ですよ。

竹　株価の変動って、グラフを見ると明らかですがジグザグですよね。しかも、次の瞬間に上に動くか下に動くかも確率的にしか決まらない。ちょうど、**数学的には水の上の花粉がジグザグ運動をする「ブラウン運動」と同じ**ですね。

ちなみに、金融工学を理解するのに、経済学の知識はいらないんですか。

先　数学だから、まったく必要ないです（笑）。

竹　なんだか、**日本政府や金融界は、もっと理数系の人材をたくさん採用したほうがいい**気がしますね。そうすれば、金融工学にしろコンピュータのプログラムにしろ、ブラックボックスの中身がわからずに右往左往する必要もなくなる。少なくとも銀行や財務省の上層部に、理数系の人材がほぼゼロでは、現代社会におけるリスク管理なんて無理な話。その意味では、日本の金融界はお先真っ暗ですね（汗）。

■コラム［伊藤の補題］

「補題」というのは数学で定理を証明するのに必要な補助定理のこと。「伊藤」は日本の数学者、伊藤清（一九一五〜二〇〇八）。もともと微分方程式は、ニュートン力学などでも、物体の将来の運動を予測するためにつかわれてきた。ただ、なめらかな曲線しか描くことができなかったため、ブラウン運動や株価の変動みたいにジグザグの確率的な動きを示す現象はあつかうことができなかった。伊藤清は、微分方程式に確率論を導入し、ブラウン運動や株価の変動のような現象を微分方程式で予測できる方法を編み出した。そして、ウォールストリートで最も名前を知られた日本人とも言われた。

●数学に弱い財務省って……

竹　海外の大学では、先生のように、数学も学んだ経済学者って結構いるんですか？

先　海外だったら、数学をやっていたという人はたくさんいますよ。というのも、普通は理系と文系の区別がないですから。多くの人は数学をやっていますね。例えば、去年ノーベル経済学賞を受賞したクルーグマンという人は、プリンストン大学に行く前はＭＩＴ（マサチューセッツ工科大学）でちゃんと数学も勉強していました。ＦＲＢの議長をやってるベン・バーナンキも、学生の時は数学を勉強してましたよ。**経済学って、普通はそういう人がやってるんですよね。**

竹　財務省で数学科を卒業した人は、あまりいないというお話でしたけど、そうすると、そういう（変人枠の）職員が数学的に明らかなことを（数学オンチの）上司や同僚に説明するのは大変だったりするんでしょうね。

先　スゴく大変でしょうね。例えばリスク管理の話のときには確率が出てくるんだけど、この説明は大変でしょうね（笑）。**「九五％の確率」って言ったらね、「何であと五％頑張って一〇〇％にしないのか」って言われるらしい**の。でも、リスクに一〇〇％対応するって、何もやらないのと一緒になっちゃうじゃないですか。「残りの五％っていうのは、何が足りないんだ」と言われたってね、わからないですよ。こんな調子ですからね。

竹　うーん、数学オンチの方々ばかりだと、リスク管理も厳しそうですね、特にインターネットやコンピュータが普及した現代社会では……。法学部じゃ、統計学とかってほとんどやらないですからね。

先　確率はやりませんよ。だから法学部出身の人たちは、確率的な現象についてはものスゴく弱いんです。例えば、堤防を作るとするでしょう。その堤防には、一〇〇年に一回の欠陥が見える。つまり、一〇〇年間のうち一度は、決壊する恐れがあるということです。一〇〇％安全な堤防というものを作るのは不可能ですから、まあ、できれば一〇〇〇年に一回の欠陥にして壊れてしまう確率を減らせばいいんでしょうけれど、現実的な話として、一〇〇〇年も持つ堤防なんて作れるわけがない。だから、一〇〇年に一回壊れるかもしれない堤防をまず作る。それで、万が一のリスクには保険で対応すると、これが普通の合理的な考え方ですよね。

竹　小学校や中学校のときに実験やるじゃないですか。理科や生物や物理の時間に。そういうときに、実験数値の精度は、どんなに精密な機械を使って、くりかえしてみても一〇〇%にならないことを学ぶんですよね。確率とか誤差について、一〇〇%確かにしたり、誤差をゼロにしたりするのは不可能だということを財務省に入ったら再教育していただきたいですね（笑）。

先　そうですね。あとこれは、お役人が貯め込んでる埋蔵金にも関係あるんですよ。**財務省が持っている特別会計というのは「万が一」のためにとか「いざというとき」のために蓄えている**んです。

常識的に考えれば「いざというとき」ってことを考えると、二〇年に一回の対応ができればそれでいいんじゃないの、って思うでしょ。そうすると「それじゃダメだ」と言われちゃうんですよ。

でもね、「万が一」とか「いざというとき」の「その時」って、どの程度の確率でやってくるかって話ですよ。何十年かに一度やってくる大恐慌なのか、それとも一〇〇〇年とか一万年に一度来るか来ないかの大飢饉なのかで、準備しておくべき資金は変わってきますよね。もし、何千年に一度の地球規模の大飢饉にまで備えようと思ったら、埋蔵金は無限に持たないといけないわけでしょ。だから「どんなに低い確率のリスクにも対応する」って、本当は無理なんですよ。

現在の埋蔵金の額を厳密に計算するとね、一〇〇年とか一〇〇〇年に一回こけるリスクのために蓄えてる額なんです。こんなに景気が冷え込んでてね、「いざというとき」のために貯め込む理由がわからない。この未曾有の大恐慌が起きている**今が「いざ」じゃなかったら、いつが「いざ」なんだ**って思いますよ。

竹　ＴＶ業界でも数字の独り歩きはよくあります。その最たるものが視聴率なんです。調査世帯の数が少ないと誤差も大きい。だから、視聴率一％とかの差はあまり意味がない。でも、財務省と同じでテレビ局も数学オンチの人ばかりなので、いくら説明しても、「でも五％と六％はちがうだろう」と言われてしまう。財務省とテレビ局は同じような問題を抱えていますね。

●何で民間企業を税金で助けるの？

竹　リーマンブラザーズが破綻して、アメリカだけじゃなく日本も大騒ぎになりましたけど、ここで「アレ？」って思うのが、議論は呼んでますが、ＡＩＧやシティバンクも助けたし、その前の年のサブプライムローン問題の時、フレディマックやファニーメイも助けましたよね？　でも、リーマンブラザーズは助けてもらえなかった……あれはなぜですか？

先　ああ、あれは難しいんですよ（笑）。まず、企業の関係者って、**働いている人とお金を出している人**に分けられるんです。さらに、働いている人は**経営者と従業員**に分けられるんですが、経営者を助けることは絶対ないでしょ。だって、この人たちは今まで高い給料もらってたんだから（笑）。次に、その会社の従業員を助けるということもない。なぜかと言うと、従業員はクビになっても失業保険があるでしょ。だからそれで終わり。問題はお金を出している人なんだけど、これは**出資者**と**債権者**に分けられるんです。

　でね、出資者を助けるということはまずありません。なぜなら、リスクを承知の上で出資しているわけですからね。ただ、債権者だけは助けることがあるんです。

竹　出資者と債権者って違うんですか？

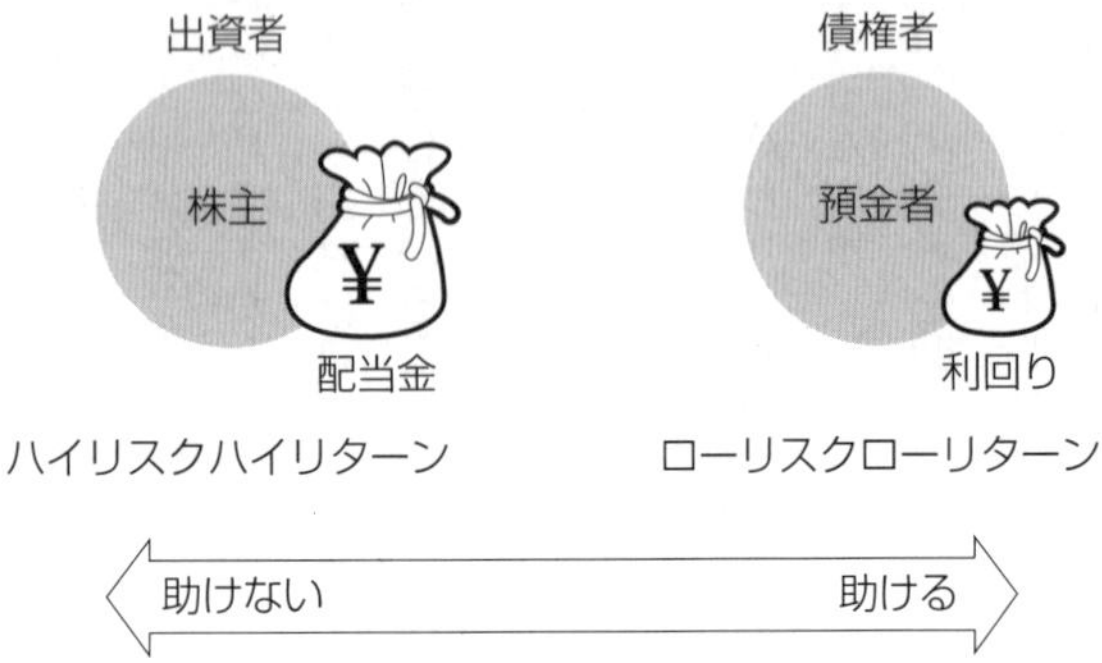

図 17：出資者と債権者

先　ちょっと違う。**出資者というのは、株主のこと**。つまり、配当金はもらえるけど、ハイリスクハイリターンを承知の上で、お金を出している人ですね。それに対して**債権者というのは、一定の利回りをもらってローリスクローリターンでお金を出している人**なんです。これは、助けるか助けないかで、よく意見が分かれます。でも、**絶対に助けるべき債権者もいるんです。それが、預金者**なんですよ。これは間違いなく助ける。なぜかと言うと、国民の資産を守るためで、そのために預金保険という制度があるからなんです。**（図17参照）**

竹　シティバンクの預金者は、預金保険で

助けられる。ということは、同じように、ＡＩＧが仮に破綻しても、預金保険のようなものがあって契約者は守られる？

先　残念ながら、ＡＩＧは保険会社だから預金保険では無理。でも、保険を受けられなくなったら困るし、影響も大きいと。それで、政府がひとまず融資して救済したんでしょうね。ちなみに日本だったら、保険保護機構っていう預金保険のような制度があるから、保険会社が潰れても、保険契約者は助けます。

ただ問題なのは、預金保険や保険保護機構では助けられない債権者をどうするか、ということ。話を戻すと、フレディマックやファニーメイの場合、実は**社債**を出しているんですよ。

竹　社債というのは？

先　いわゆる**有価証券には、株券と債券の二種類があります**。これは、さっき言った、出資者と債権者がそれぞれ持っているものですね。社債というのは国債と同じで、債券のひとつなんです。でね、この社債を買った人たちをどこまで助けるか、という議論があるんです。

というのも、もともとこの二つの銀行は、アメリカの国営企業を民営化したんですよ。民営化したんだけれど、実は政府が関与しているんです。だからみんな、この社債は政府が保証してくれていると思っていたの。アメリカ政府は否定してたけど、絶対に最後は助けるって、みんなが思い込んでいたわけ。思い込んじゃってたら、これはもう正しいか正しくないかの話じゃなくて、それに応えないとパニックになっちゃうでしょ。だから助けたんですよ。

竹 じゃあ、政府は仕方なく助けた、ってことなんですね。ということは、リーマンの破綻の時は誰もそうは思っていなかった?

先 リーマンは全然関係ないからね（笑）。完全な民間だからですよ。

竹 でも、実はCDSみたいに保険のような金融商品もあったから、リーマンの破綻が色々なところに飛び火してしまい、今の金融危機につながっていったというわけですね。

先 そう。これは、バーナンキも後で「救わなかったのは間違いだった」と認めてるんだけど、政府の予想以上に経済全体への影響が大きすぎましたね。

竹　だからアメリカ政府は今度、GM、フォード、クライスラーのビッグ3を救済したと。

先　判断が人によって分かれるところなんだけれど、こういった現状だと救済せざるを得ないでしょうね。自動車産業が崩壊すれば、それこそアメリカの経済自体が崩壊しかねないですから。それと、一番影響が大きいと言われているのが、シティバンクのような金融機関なんです。

竹　アメリカ政府は、株を買って国有化しようとさえしていますもんね。

先　銀行は色んな企業と繋がっているから、連鎖的に潰れないように救済する必要があるの。それに、保険会社や証券会社も銀行ほどではないけれど、それにちょっと近いよね。この辺のことについては、いつも議論が分かれるんです。

竹　世界恐慌だと騒がれてはいますが、アメリカと日本とではダメージの桁がちがうことはわかりました。日本の場合、自動車会社は軒並み赤字ですけど、政府が公的資金を注入するところまではいってないですからね。

●資本主義社会と共産主義社会、どっちがいいの？

竹　倒産しそうな民間企業を救済する、というのは、政府の市場への介入ですよね。とすると、市場原理だけでなく、再分配ということも経済学の理論にはあるんですか。

先　経済学には、「資源配分」と「所得分配」っていう紛らわしい言葉が出てくるんです。「分配」のほうには、ちゃんとした理論が経済学にはない（笑）。でも「配分」のほうは、**自由な市場で競争をすれば資源は最適な配分ができる**、という**市場原理**の話があるの。これは、経済学の根本的な理論なんです。極端なことを言えば、競争すれば、能力のある人は活躍できるし、能力のない人もそれなりに、という話。その結果、所得が不公平にならないという保証もないの。でも、これじゃあ所得格差が開いて、社会が安定しないでしょうと。そこで出てくるのが、**所得の再分配**なんです。

これは、政治の一つの考え方で、経済の理論じゃないんです。つまり、**希少資源を無駄なく配分することと、豊かさにムラをなくすってことは別の話**なんですよ。これは、いつも矛盾してしまう話でね、平等な分配にすると働かなくなるし、市場原理だけに任せると格差が出てしまう。あとは、どの程度再分配を重視するかという問題なんだけど、これは**民意を反映した政治が決める**、としか言いようがないですよね。

竹　政治的に再分配をする方法には、具体的にはどういうものがあるんですか。

先　社会保障による方法、租税による方法とあるんですけど、一番わかりやすいのは租税の中でも所得による方法で、**累進課税**というものを採用してるの。これは、所得が高い人ほど税率も高くなる仕組み。でも、徐々にフラットな税率に変わっていてね、実はこれが、世界の主流になりつつあるんですよ。

竹　それはなぜですか。

先　今まではね、「儲かったのは、この国の仕組みが良かったからでしょう。この仕組みをあなたはいっぱい利用したんだから、税金もたくさん払いなさい」という考え方だったんだけど、そうすると「だったら、こんな国出て行くよ」って話になっちゃう。それじゃあ国も税収が減って困るから、徐々に税率も下がっていったの。

要するに、あまりにもキツい累進課税を採用すると、稼ぎのいい人はやる気がなくなるか別の国に行っちゃうか、のどちらかになってしまう。だから、**今までは平等主義っていうと、機会の平等と結果の平等（再分配）を保証していたんだけれど、徐々に機会の平等だけで考えるようになってる**んです。

竹　なるほど。でも、去年は『蟹工船』（新潮社「蟹工船・党生活者」は四〇万部発行）が話題になったように、不況が続くと結果の平等を志向する人が増えるんじゃないでしょうか。

先　資本主義的な社会がいいか、共産主義的な社会がいいか、という志向は、常に揺れ動くんです。景気がいい時は資本主義を志向するし、景気が悪い時は共産主義を志向するの（笑）。これは、人間のインセンティブがいかにお金とリンクしているかを、見事に象徴しているんですけどね。

　こういう時って一瞬、社会主義とか共産主義に傾くんだけれど、世界的に見ても資本主義のほうが成功してるでしょ。ソ連も行き詰まっちゃったし、中国だって形は共産主義だけど、実はかなりの資本主義。建前と本音が、かなりズレてるよね（笑）。でも、どっちを取るにしても、社会を形成する以上は無政府状態ではいられないから、やっぱり大なり小なりの政府が必要になるんですよ。

竹　じゃなきゃ、国じゃないですもんね（笑）。

先　そうすると、**政府を作るにはお金が必要**になるわけ。具体的には**税金**。これを納めるには、働かなくちゃいけないんだよ。だから経済学における一番の真理は、やっぱり**ノーフリーランチ**になるんだよね。

補習授業！［環境のために経済学ができること］

竹　環境問題が持てはやされてますよね。環境省がチームマイナス六％などと目標をたて、クールビズとかウォームビズをやっていますけど、経済学的な観点でいうと、こういったことに効果はあるんですか。

先　あまり効果ないですよ（笑）。六％はね、京都議定書があって、国際公約でやらなきゃいけないものだからいろいろとやってはいますが、コンビニの夜間消灯とか、あんなのばかりだったら、まあ無理ですよ。

　これも、私は全てインセンティブで考えたほうがいいと思います。号令だけかけたってダメなんですよ。号令をかけるんだったら、守らなかったときのペナルティーをかけないとダメ。**環境問題に対して経済学が有効な手段を提供できるとしたら、それは環境税をかけること**ですよ。税をかけると、必ず変わるんです。だから、去年（二〇〇八年）ガソリン税の暫定税率が撤廃されましたけど、アレはそのまま環境税に転化できるの。**経済成長よりも環

境問題を重視するなら、税を安くしちゃダメ。税って、長い間かけておけば必ず行動が変わるんです。**税をかけると消費が少なくなる**んですよ。

竹　それは、理論として存在するのでしょうか。

先　これは、イギリスの経済学者でアーサー・ピグーという人が一〇〇年くらい前から言ってたことで、**ピグー税**や**炭素税**と呼ばれてるの。環境問題を改善するなら、これが一番有効なんです。ヨーロッパはみんな炭素税を導入しているけれど、日本はまだできていない。だからサミットを契機に、炭素税の話をもっとして欲しかったんだけど、産業界がグチグチ言ってなかなかできなかった。アメリカもオバマ政権に代わって、環境問題に対して積極的になるだろうから、日本も本腰入れなきゃダメだよね。

竹　じゃあ、日本のガソリン税というのは、環境問題の改善のために徴収される税金ではないんですか？

先　**日本のガソリン税は、全然違う理由で集められちゃったの。実は、道路を作るために集められた**の。世界から見るとまったく逆で、道路作って、また排気ガス出してんの（笑）。

竹　ということは、ガソリン税というものは必要だけど、道路特定財源みたいになってはいけないと。

先　そうなると、また道路作るって話になるわけ（笑）。道路特定財源を一般財源化した後、麻生さんが地方交付税にするって言ったけれど、本来の主旨からすると、それもちょっと違う。ピグーが言ったのは単純で、**公害を出すものについては人の迷惑になるんだから、税金をかけて建て直しを**しろ。たったこれだけだから。

竹　でも、去年（二〇〇八年）ガソリンが上がった時は、漁師さんも運送業の人たちも相当困ってましたよね。

先　経済学で言うとね、**我慢して、省エネ投資しろ**という言い方になってしまうんです。でも、さすがにこんなひどい言い方は、民主主義ではダメだよね（笑）。長期的には正しいけれど、漁師さんたちにしてみれば、今日食えるかどうかかって話になるからね。

だからこういう場合、経済学はもう一つ答えを用意してるんです。これは、**とりあえず、短期的に低金利で融資するから頑張りなさい**、っていうこと。お金を本当にあげちゃうとね、これがインセンティブになって省エネにならなくなるから、融資するのであとで返してください、と言うんです。で、その間にエンジンを変えたりして、省エネで頑張りなさい、ということ。

竹　短期救済のために融資をするんですね。

先　そう、金利を安くして融資するから二、三年頑張りなさいと。そのかわり、その間に立ち直ってください、ということだよね。実際には、あっという間にガソリン代も下がったけど（笑）。

　つまりね、本当に必要な人だけが使うようになれば、需要と供給のバランスで値段は決まるから、ガソリンもそんなに高騰はしないんですよ。でも、環境問題のことを考えたら、本当は下がらないほうがいい。なぜかと言えば、世界中でガソリンの値段が上がると、実は、代替エネルギーが開発されるんです。これがいいことなんだよね。あとは、省エネ技術というものが売れるでしょ。これは、日本は圧倒的に有利だから。

ガソリンが上がると、たしかに大変です。大変なんだけど、チャンスも転がっている。つまり、**みんながヤバいと思ってるときに、実は構造も変わるから、チャンスが山ほど生まれる**んですよ。

竹　経済学的にはチャンスがあるということはわかるんですね。

先　わかる。だけど、何かはわかんない（笑）。それが才覚ですよ。そういうのがわかっていれば、経済学者はみんな、大金持ちになってますよ。

竹　経済学がわかってもお金持ちになれない、っていう話がありましたが、経済学がわかると、「不況でもチャンスがある」ってわかるんだから、まんざらでもないですね。ボクみたいに経済学をやっていない人間からすると、不況だと、「もう何をやってもダメだ、バカヤロー！」というような思い込みがありますから。

【バカヤロー経済学】

二時限目　税金と政治そのカラクリ

●そもそも税金ってどうしてあるの？

竹　素朴な疑問なんですが、税金っていうのはそもそも人類の中で、いつ頃からできたんでしょう？

先　日本では、租庸調が一番最初じゃないかな。古いですよ。社会ができると、共通経費というものが必要になって、必ず税金制度ができるんですよ。

竹　その税金は、どういうものにかけるんですか？

先　それは**なんでもいいの**（笑）。税金っていうのは、共同体の共通経費を払っているんだというのがわかればいい。一番単純なのは、全部定額で払う、というやつね。でも、それだとあんまりだっていうんで、人頭税だとか、土地に課したりとか、いろんな種類の形態が出てくるんです。でも、もともとは定額がベーシックな形態だと思いますよ。

竹　麻生さんが二〇一一年に一〇％にする、なんて言っている消費税は、何にかかる税金なのかよくわからないんですが。

先　**消費税というのは、消費というサービスにかけている税。**物にかける時もあれば、労働というサービスにかけるものもあるし、いろんなパターンがあります。

竹　たとえば僕らがお店で何かを買うと、消費税がつきますよね。これはつまり、お客さんが消費税を払っているということになるんですか。

先　そう。でも「お客さんも消費税を払っている」というのが正しいかな。実は、お店が商品を仕入れたときに、消費税込みの値段で仕入れているんです。

　たとえば、メーカーと卸業者と小売り、消費者があったときに、消費者は小売りからサービスを受けているけれど、消費税を税務署に納めに行ったりしませんよね。でも、メーカー、卸業者、小売りはちゃんと消費税を納めているの。つまり、それぞれの過程で生じるサービスには税金がかかって、売上げがあった人が、税務署に払っているということになるんです。

竹　なるほど。物理的なイメージで言うと、たとえば、物体が動くたびに摩擦熱が生じますが、その摩擦熱が税金になる、というような感じですか。

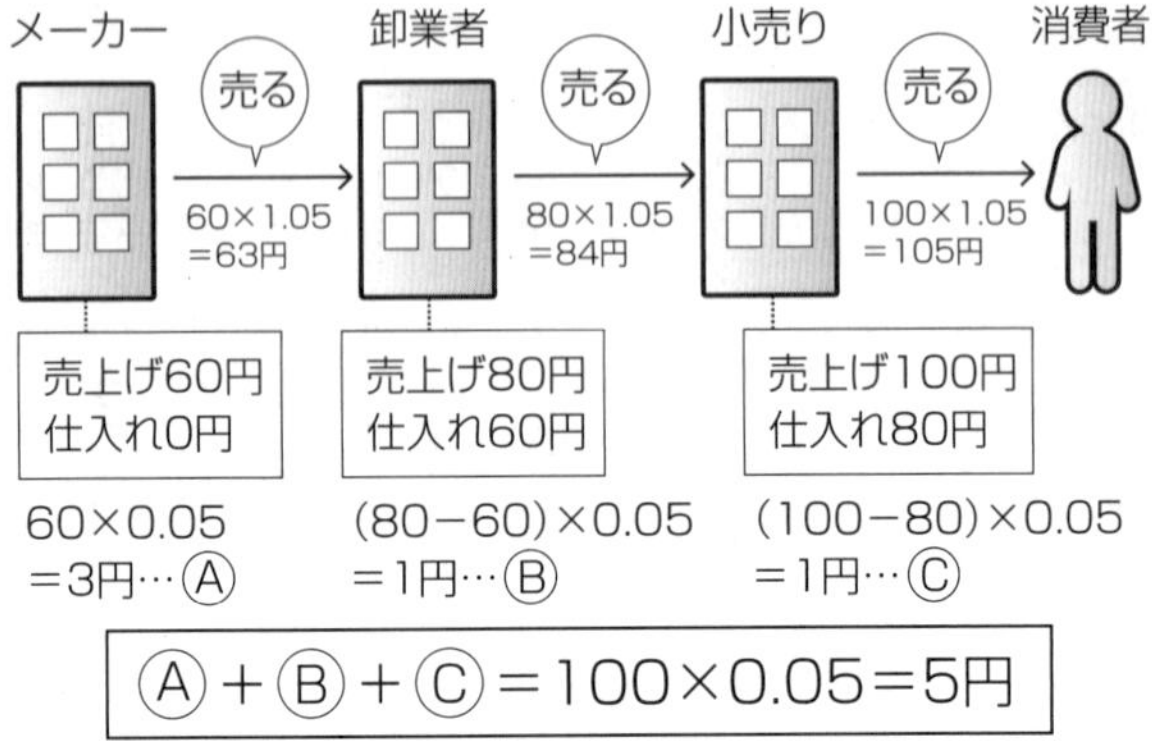

※売った人が代わりに税金を納めてくれている

図18：消費税の仕組み

先　そうですね。**動いて摩擦が生じるたびに、みんなが払っているって感じ**かな。

竹　わかりやすい！

先　そういう意味では、世の中の経済活動をぜ〜んぶカバーしているんですよ。

竹　経済が動いている限りは、税金がかかると。でも、重複して取るんじゃなく、公平に取っていると。なるほど！

先　仕入れた人は、その前に仕入れた人の消費税を払わなくていい。たとえば、小売りが一〇〇円で物を売ったときに、五円消費税を預かったとします。でも、それを八〇円で売った卸業者と、六〇円で売ったメーカーが合わせて四円払ってくれてるから、一円しか払わなくていいんですよ。これが実質的な消費税になる。だから消費税というのは、積み重なってどんどん累積される小売税とはちょっと違っていて、**付加価値税**という言い方をするんです。**(図18参照)**

竹　はぁ〜、そうかそうか。

先　そこが消費税の一番賢いところで、前の人の売上げがきちんとわかるようになっているの。というのも、仕入れて売る人は、前の人がちゃんと売上げを申告してくれないと、自分が多く消費税を払わなきゃいけなくなっちゃう。だから前の人は、本当は売上げを少なく申告したいんだけど、正直に申告しないと取引できなくなっちゃうんです。

これは、**人の税金にかこつけてウソをつくと、流通のシステムから排除されてしまう**という、すごく賢い制度なの。

竹　巧妙なシステムですね。

先　これは、日本だと帳簿でやっているんですが、海外では**インボイス**っていうものがあってね。いくらで仕入れて、いくら税金を払ったかが書いてある紙をもらうんですよ。インチキすると仕入れた業者に迷惑がかかるから、納品する業者は正直に申告する。こんな風に**全部つながってるから、みんなが互いに監視役になっている**、というわけ。だから、インボイスがあると、ごまかしができなくなっちゃう。

竹　日本にはインボイスがないんですか?

先　うん。これは日本の欠点。これは非常にいい仕組みで、海外ではインボイスは例外なくついてますよ。だから日本は、海外と取引した時に困るんです。

●日本の消費税は高いの?

竹　ボクがカナダにいた頃、国に払う消費税と州政府に払う消費税があって、両方足すと十数%になるんですよ。それに比べれば、日本は今（二〇〇九年）五%だから、これは低いんですよね。日本の消費税って、どうしてこんなに低いんですか。**（図19参照）**

先　それは日本人が「消費税はイヤだ」って言ってるからですよ。でも社会には共通

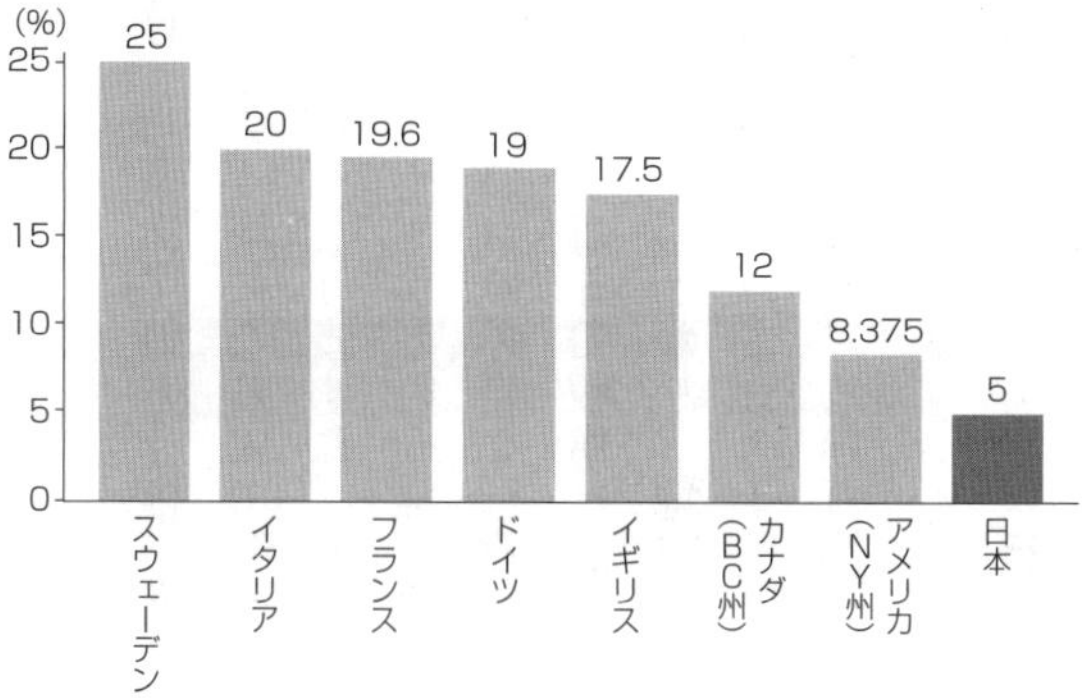

※グラフの税率は一般税率です。食料品や住宅などに対する税率は、これとは異なります。また、カナダは連邦消費税と州税を足したものです。

図 19：世界の消費税率（出所：財務省）

経費が必要だから、あとは税金をどういう形で取るのか、という問題になりますよね。

で、税金には取りかたの違いで二種類あってね。**払う人と納める人が違う税金を間接税**といって、**払う人と納める人が同じになる税金を直接税**といいます。つまり、所得税や法人税のような直接税で取るのか、消費税のような間接税で取るのかという、それだけの違い。一般的には、分権が進むと消費税のような間接税が多くなって、それが地方の財源になるんです。でも日本は分権が進んでいないので、中央政府が一度吸い上げて、それを地方に交付税として配分しているの。だから、消費税が上がっても、税金によって向上したサービスを実感しにくいので「消費税はイヤ」となるんでしょうね。

竹 じゃあ、地方分権が進むと、カナダやアメリカのように地方自治体が消費税を取るという形になるんでしょうか。

先 そうなりますね。その理論はけっこう簡単で、行政サービスの違いで分ければいいの。オーツという経済学者の理論で、**補完性原則**というものがあるんです。

社会の中で必要な行政サービスというものは、まずは身の回りから起こるんですよ。だから、**ゴミの収集とか教育とか道路建設といった身近なサービスは地方**が行いましょう、そのかわり、**地方でフォローできない外交や景気対策といった抽象的なサービスを国**が行いましょう、という考え方があるんです。

そうすると、地方の行政サービスには常に安定した財源が必要になりますよね。だから、景気にあまり左右されない消費税やたばこ税のような間接税が、地方税になる。それと、地方税は**行政サービスの対費で取る**ほうがいい。これを**応益原則**といって、必要なサービスというものは地方によって結構違うんですよ。だから、サービス

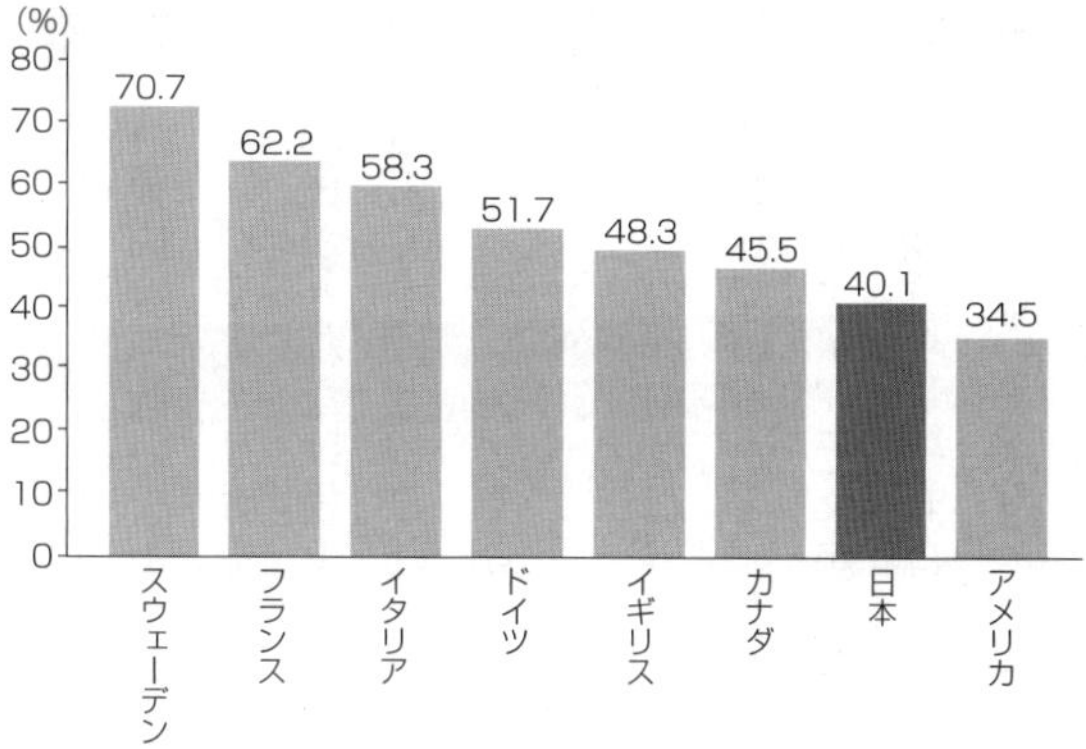

※日本のデータは2008年。他はすべて2005年。

図 20：世界の国民負担率（出所：財務省）

に応じて税金を払えばムダがなくなるんですね。

竹　そうすると、地方ごとに税率が変わるのでは？

先　変わる。だから、今の日本の消費税のシステムではちょっと問題があるんです。でも、海外で主流のインボイスを採用すれば、どこで税金が払われているかがわかるから、税率が変わっても問題は起こらない。

竹　では逆に、所得税や法人税のような直接税が国税に向いているのはなぜですか？

先　これは景気が悪くなって税収が減っても、身近な行政サービスに充てるわけじゃないので、あまり問題にならないからですよ。**所得税や法人税は所得や収益という能力に応じて税金を取っている。**これを**応能原則**といって、所得の再分配などは、こういう税金でやるほうが都合がいいんですよ。

竹　消費税は「低いなぁ」とは思うんですが、それでも全体で見れば、日本の税金は、ヨーロッパやアメリカなんかと比べて、高いんですよね？

先　国民がどれだけ税を負担しているかを見る時の指標に、**国民負担率**っていうものがあるんですけど、これを見る限りはやっぱり低いと思います。**（図20参照）**

竹　えっ、低いんですか！　実感としては何となく高いような気がするんですけど、何ででしょうか？

先　ひとつの理由はね、税金が行政に使われている感覚が薄いのと、税金の多くが無駄に使われているから、そんなふうに思うんですよ。それと、**財政錯覚**っていうものがあるんですが、それが行き過ぎて税金が高いと思っているのかもしれません。

竹　財政錯覚？　それは、どういうものなんですか？

先　たとえば、本来なら一〇〇万円の税金がないと、一〇〇万円の行政サービスって、受けられないんですよ。でも、税金が行政に使われている感覚が薄いでしょ。そうすると、もう一〇〇万円も税金がないのに、まだ一〇〇万円の行政サービスを受けられるものだと思ってしまうんです。つまりね、意識をしないでそれが当たり前になってしまうと、いつの間にか、行政サービスは安価で受けられると思ってしまうの。だから、「行政サービスは安いのに税金は高い」って思ってしまうんですよ。

それと竹内さん、家計簿をつけたことはあります？

竹　ないです（汗）。

先　でしょ！　竹内さんとは逆に「消費税は高い」って思ってる人もいるの。たとえばたいていの主婦っていうのは、家計簿をつけてるから「消費税って高い」という感覚になるんです。それで、竹内さんみたいにフリーで仕事をやっていると、確定申告をする時に所得税の数字を見るから「消費税以外の税金が高い」と思うの。**要は、その人がどこで税金を意識してるか**ってことなんですよ。

竹　ああ、なるほど。たとえば、サラリーマンの場合は、確定申告もしないですから、すべて天引きになってしまう。その場合も、「たばこ税とか酒税が高い！」という素朴な感覚があるから、税金が高いという印象が強いんでしょうね。

■コラム ［間接税と直接税］

たとえば消費税は、税金を実際に払う人＝消費者、税務署に行って納める人＝お店。払う人と納める人がちがうから間接税ということになる。それに対して、所得税は払う人と納める人が同じだから直接税だ。

間接税にはいろいろある。ちょっとあげてみるだけでも、消費税、印紙税、酒税、関税、たばこ税、ガソリン税、自動車重量税（以上が国税）、道府県・市町村たばこ税、ゴルフ場利用税、国民健康保険税、入湯税（以上が地方税）。うーん、知らぬ間にこんなにバッチリとられていたのか！　ちょっと驚く。

対する直接税には、こんなものがある。所得税、法人税、相続税、贈与税（以上が国税）、住民税、固定資産税、自動車税（以上が地方税）。

自動車なんて、自動車重量税のほかに自動車税もあって、なんとも腑に落ちない。でも、こうして意識してみると、その使われ方が気になってくる。これは、いいことなのかもしれない……。

●寄付をすると税金は安くなる？

竹　海外だと、寄付を募るときに寄付金にはあまり税金をかけませんよね。日本はどうなんでしょう？

先　日本はちょっと寄付に厳しい社会ですね。寄付に対する税制というのが、あまり発達していない。どういうことかというと、本当は寄付をするっていうのは、お上を経由せずに、直接お金を回す方法なんです。でも日本には、すべてお上を経由しろ、という発想があるの。税金は国が吸い上げて、それから配ると。要するに、お上を経由しないとみんな自分の好きな勝手なところに寄付しちゃうから、公共政策としてよくない、という前提なんだよね。

竹　ということは、今の消費税の仕組みと似ているんですね。

先　似てるね。何でも国が吸い上げて、国のほうから配分するのが公正なんだって。私は反対なんですけどね。でも実は一つ例外があって、**ふるさと納税**というものがあ

【住民税控除】

① 基本控除額　（寄付金－ 5000 円）× 10%

② 特例控除額　（寄付金－ 5000 円）×（90%－所得税率）

※住民税所得割額の 1 割を限度とする

【所得税控除】

③（寄付金－ 5000 円）×所得税率

①＋②＋③＝寄付控除対象額

図 21：ふるさと納税の寄付控除対象額

るんです。このふるさと納税、マスコミの人はほとんど理解できてないみたいで、「地方自治体の格差をなくすから画期的だ」なんて言ってますけど、ポイントはそんなところじゃないの（笑）。**自分で税金をどこにあげるかを選べる**のが画期的なんですよ。相手先は、都道府県でも市区町村でもいいし、公的なサービスをやっているところならどこでもいい。好きなところを選べるんですよ。

　でね、**寄付税制**というのは、寄付したら税額控除になる仕組みなんだけれど、日本でこの税額控除の仕組みが採用されたのは、このふるさと納税が実質的に初めてなの。簡単に言うと、**どこかの県に寄付をしたら、住民税と所得税が一定額控除される**という仕組み。**（図21参照）**

竹　具体的には、どれくらい控除されるんですか?

先　これは金額と寄付する人の所得にもよるんだけど、かなりの額が控除されます。たとえば、年収五〇〇万円の人が三万円寄付したとします。そうすると、住民税で二万二五〇〇円、所得税で二五〇〇円控除されるの。足すと、二万五〇〇〇円でしょ。だから、三万円とはいっても、五〇〇〇円の負担にしかならないんです。

竹　アメリカだと、たとえばビル・ゲイツが自分の財産の半分の何兆円かを慈善団体に寄付する、なんていうことがありますよね。

先　そういうのは全部、控除のことが裏にあるんですよ。要するに、寄付しても凄い税金がかかったら、誰もやらない（笑）。アメリカの寄付金の所得控除って、**税の全額控除に近い**んです。だから、人間のインセンティブもちゃんと動く。どんなに寄付したいところがあっても、税金がたいして控除されないようなら、さすがのビル・ゲイツもしませんよ（笑）。だから、**社会システムというものは、インセンティブに働**

きかけるように作るべきなんですよ。

竹　インセンティブを与えるほうが、吸い上げやすい？

先　大きな税額控除と選択の自由の両方のインセンティブがあれば、当然そうなりますよね。でも日本は、税金は中央省庁が吸い上げて、配分するのが公正になる、ということを前提にしている社会システムなんですよ。考え方の違いなんですけれどね。たしかに全知全能の政府があって、そこが吸い上げて公正に配分してくれると信じられる制度だったらいいけれど、アメリカ人はそういうの信じませんから（笑）。それだったら自分でやるよ、っていうところがあるんです。

日本もだんだんと中央政府が信じられないようになってきているから、どうせ税金を預けるんだったら、預ける人を自分で選びたいっていう人が多くなってきていると は思うの。でも、まだまだ知らない人が多いんでしょうね。

竹　ボクの友人には大学関係者が多いんですが、とにかく寄付が集まらないって嘆いています。アメリカの大学なんかだとどんどん寄付が集まるのに、日本ではダメなのは、控除のことが知られてなくて、寄付する人のインセンティブに結びつかないからだったんですね。そのおかげで、アメリカの一流大学は何兆円という資産を運用して研究費が捻出できるのに、日本の大学の資金力はその何十分の一しかない。国の科学技術力にも大きな影響を及ぼしているように思います。

●日本の財政って、そんなに赤字なんですか？

竹　財務省はよく、増税のいいわけに家計にたとえて財政赤字のことを頻繁にアピールしますが、やっぱり日本の財政は危機的な状況なんでしょうか？

先　まず、家計と比較するのがいい比喩なのか、ということをちょっと指摘しておきます。経済って、政府を考えなければ、家計と企業があるんですね。で、家計のほうは借金がなくて貯蓄が多いんです。逆に企業のほうは借金ばっかりなんですよ。でも、企業はお金を借りて事業するわけだから、借金があるのは当たり前なんです。

要するに問題なのは、**お金を借りて事業するときに、その事業が借金に見合うかどうか**、ということ。政府もいろんな活動をしていますから、どちらかというと企業に

【財務省】

$\underbrace{1000\text{兆円}}_{\text{債務}} \div \underbrace{500\text{兆円}}_{\text{GDP}} = 2$

＝国内総生産の２倍の借金がある

【世界基準】

$(\underbrace{1000\text{兆円}}_{\text{債務}} - \underbrace{700\text{兆円}}_{\text{資産}}) \div \underbrace{500\text{兆円}}_{\text{GDP}} = 0.6$

＝国内総生産の６割の借金がある

図22：日本の借金の計算方法

近いんです。だから、家計の借金になぞらえるのは、間違ってるんですよ（笑）。つまりね、借金が企業の活動に比して多すぎるかどうかで判断するのと同じように、国家の財政も議論するべきなんです。

竹　すると、財務省は「日本は借金で大変なんだ」と言っているけれど、日本が持っている借金というのはそんなに深刻ではないんですか？

先　政府資産を引いた純粋な借金を**ネット債務**というんですが、こういう場合ね、**国力を示すGDPに対してネット債務がどのくらいあるのか**、というのを見るんですよ。日本の場合は、大雑把にGDPが五〇〇兆

で、ネット債務が三〇〇兆だから、だいたい六〇％の借金。**（図22参照）**

竹　家計なら、年収の六〇％の金額を借金している、という感じですかね。たとえば年収五〇〇万円の人が、三〇〇万円の借金をしている。

先　そんな感じ。これはね、そんなにべらぼうに大きい数字じゃあない。他の先進国でも四〇〜五〇％あるんです。だから、**ネット債務でいうと日本の財政危機はそんなに深刻ではない。**ただ、政府資産を引かないグロス債務で見ると、一〇〇〇兆だからGDPの二〇〇％になるわけね。これはもう、国としては破綻してるよね。

竹　えーと、年収五〇〇万の人が、一〇〇〇万円借りているけれど、持ち家の資産価値が七〇〇万円あるということですね。年収の二倍の借金といえば大変だけれど、ちゃんと資産があるから、差し引き、年収の六割の借金ということになる。要するに、どの数字を見るかってことですね。グロス債務では、普通は見ないんですか？

先　普通は見ない。だって資産があるんだもん。**日本の場合、グロス債務が二〇〇％でネット債務が六〇％ってことは、資産をたくさん持っているってこと**なんですよ。

竹　ということは、財務省が「赤字だ赤字だ」と大騒ぎをしているにもかかわらず、いまだに日本の国債が市場で暴落していない理由は、それなんですか?

先 たぶんそう。ネット債務で見れば六〇%に過ぎないから。これが一〇〇%超えたら厳しいわけです。そうすれば国債が暴落する可能性が出てくる。

竹 その前に手を打たなくちゃいけないと。

先 そう、GDPに対するネット債務の割合が上がっているのは、あんまりいいことじゃない。だから**プライマリー収支**といって、**未払いなどを除いた営業収支**を黒字化しておけば、ネット債務のGDPはそんなに上がらないの。

竹 つまり、毎月の家計簿をつけて、とにかく収支が合うように生活していれば、年収の六割ある借金は増えない! それにしては、財務省は危機感を煽りすぎという気もしますが。

先 だから、財務省はグロス債務で見て「危機で大変だ!」って言うけれど、大袈裟な話なんだよ(笑)。**これは、完全な財務省のプロパガンダ**。もうちょっと言うと、IMFの統計っていうのは、普通ネット債務で出ているんですよ。でも、財務省はIMFにけっこうなお金を出しているから、割と言う事聞いてくれる立場にいるの(笑)。

だからプレッシャーかけて、ネット債務の欄にグロス債務の数字も出すようになったって噂もあるんだよ。だって、ネット債務で見ると迫力なくなっちゃうでしょ、正直言って（笑）。

竹　いやあ、財務省ってけっこう姑息なんですね。

●財政赤字は誰のせい？

竹　つまり財政自体は、財務省が言うほど危機的状況ではないということですね。でも、それでも借金はあると。ここまで**財政赤字が膨らんだ理由**って何なんでしょうか。

先　財政赤字が膨らんだ理由っていうのは、結構簡単でしてね。**一九九〇年代に、金融政策もままならないのに、効かない財政政策をやったから**なんですよ。

竹　マンデル・フレミングの法則（五〇ページ参照）ですね？　それを、やった人たちは、自分たちが効かないバラまきをやったことをわかっているんですか？

先　少なくとも政治家は認めない。それは目先のお金を配ることに意味があるからなんです。

竹　麻生さんも？

先　麻生さんも、そうだろうね。だから、**典型的な政治家っていうのは、幸か不幸か、目先のお金を配ることに意味を見出す**わけ（笑）。

竹　目先の票を買う、みたいな。

先　それが一番大きい。**でも、これが政治家にとってはスゴく嬉しくて、何回やっても効果は無いから、何回でもやる**の（笑）。経済理論で、中長期的にみて効果がないのがわかるのが、一年ぐらい先なんですよ。公共投資をすると、すぐ所得や株価が上がって景気が良くなる。でもそのあと、円高になって輸出が落ちるから、その効果が相殺される、というパターン。そうするとまた同じようにできるから、何回やってもオーケーでしょ。これは、政治家にとってありがたいよね。やるたびに自分がお金を配るとこ見せられるんだから。その結果、財政赤字が増えちゃった。**（図23参照）**

竹　うーん、バカヤローな感じですね。つまり、財務省が危機感を煽っている赤字は、まるで国民が放蕩したからできたみたいに思い込まされているけれど、本当は、選挙

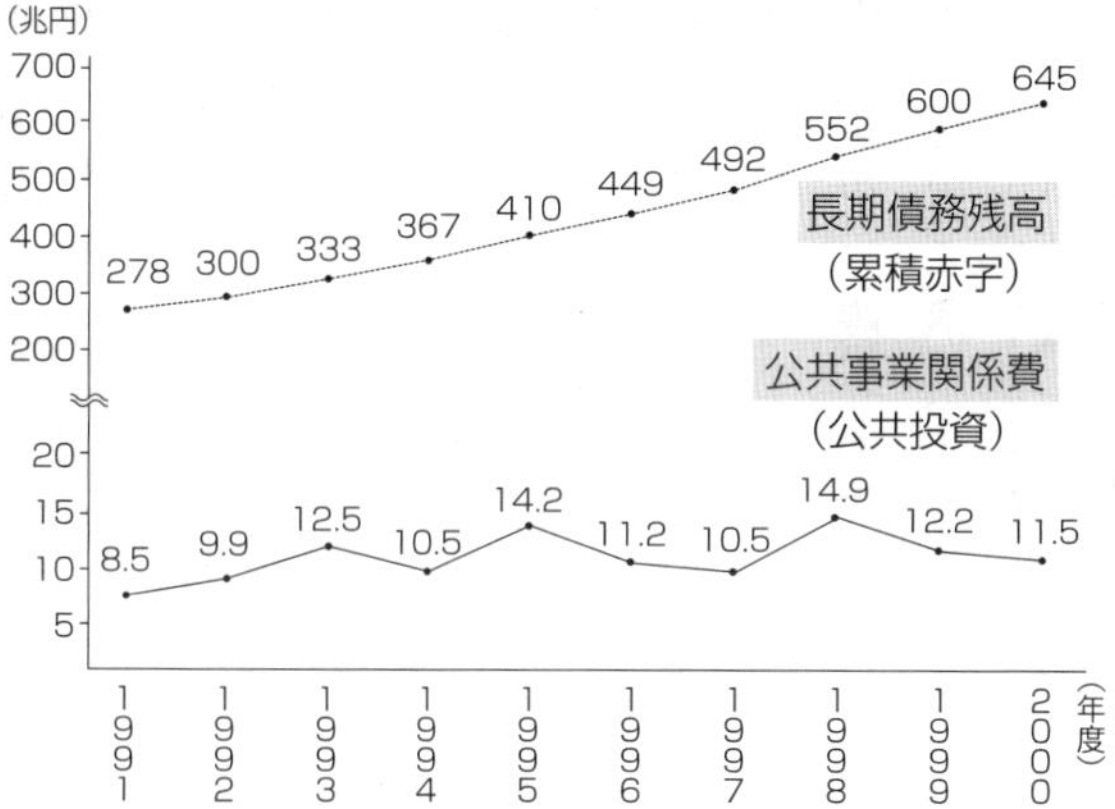

図 23：90年代の累積赤字と公共投資額（出所：財務省）

の票集めのために、一瞬で効果が消えてしまう無駄な財政政策、つまり公共投資のようなバラまきが原因だったとは！　経済学を知らないとコロッとだまされてしまいますね。

先　あとね、国民は一年前のことをきれいに忘れちゃうの。揮発メモリーみたいに、フワッと消えちゃうの。景気が悪いときに政府のとった政策が何だったのかも、効果があったのかどうかも、国民は全部忘れている。政治家は国民が求めれば応じる。その繰り返しなの（笑）。竹内さん、去年（二〇〇八年）の九月に何があったか覚えてます？

竹　福田さんが辞めて、麻生さんに代わりましたよね。
先　じゃあ、さらにその一年前は？
竹　アレ？　……たしかに、それ以前の政治状況と言われても、すぐ出てきません。
先　でしょ。安倍さんが辞めたんですけどね。覚えてないでしょ、みんな（笑）。
竹　覚えているのは、安倍さんがなんだかよくわからない理由でやめて、唇がカサカサになってる、そういう場面とか……。
先　それで、またその一年前は何があったか、覚えてる？
竹　えーと、えーと……。
先　これはもうホントびっくりする話で、郵政の選挙ですよ。
竹　あっ！
先　すんごく盛り上がったのに、もう三年経ったら、何にも覚えてない。だから、人間の記憶ってのはすごく短くてね、景気対策をやった時に、過去の失敗の責任を誰も問わない、というパターンがあるんです。だから同じ過ちを、また繰り返すんです。人間の愚かなところでしてね。その結果、こんなに赤字になっちゃったと。九〇年代は、ホントこれの繰り返しですよ。

●売れる政府資産は売ってしまえ！

竹　ところで……さっき出てきた、現在、政府が持っている資産っていうのは、どういったものなんでしょうか？

先　政府資産はだいたい七〇〇兆円ぐらいあるんだけど、まずね、国がいろんな企業に貸してる貸付金があるんです。これが二〇〇兆円くらいかな。あと、国はいろんな子会社を持っていて、出資証券（出資金）っていう形で株式を持っているんですよ。民営化するとこの株式は売れるんだけど、民営化しないでただ株式だけ持っている。これが六〇兆円くらい。そういうものが、いろいろあるんだけど、バランスシートってものを見れば、すぐわかるの。ほら、これね。**（図24参照）**

竹　へぇ〜、初めて見ました。僕らのような一般の国民は、こういうのをほとんど知らないですよ、きっと。

【賃借対照表】（億円）

＜資産の部＞	
現金・預金	374,680
有価証券	911,940
未収金等	152,780
貸付金	2,172,060
運用寄託金	966,380
貸倒引当金	△ 19,460
有形固定資産	1,781,840
国有財産	370,650
公共用財産	1,384,980
物品	26,200
無形固定資産	2,590
出資金	656,050
その他の資産	40,080
資産合計	7,038,970
＜負債の部＞	
未払金等	72,200
賞与引当金	3,360
政府短期証券	654,770
公債	6,515,110
借入金	231,360
預託金	582,630
責任準備金	94,070
公的年金預り金	1,447,980
退職給与引当金	146,040
その他の負債	64,820
負債合計	9,812,390
＜資産・負債差額の部＞	
資産・負債差額	△ 2,773,410
負債及び資産・負債差額合計	7,038,970

図 24：2006年度のバランスシート（出所：財務省）

先　最近ですからね、バランスシートが公開されたの。

竹　国がお金を企業に貸す、というのは、民間企業に貸しているんですか？

先　**特殊法人**。今は**独立行政法人**って名前になってるけどね。**そんなトコにお金なんか貸さなくっていいんだよ。だって、単なる官僚の天下り先**だからね（笑）。わざわざ国がお金出して、無駄な公共投資をやる意味なんてないんだから。

竹　う〜ん、なるほど。ところで、国の借金を減らそうと考えた時に、政府内でも意見って分かれるところなんですか？

先　自民党の中でも、**財政タカ派**と**上げ潮派**っていうのがあってね、考え方は全然違いますね。まず、**財政タカ派の人は財務省と同じ考えだから、七〇〇兆の資産を考えずに、「一〇〇〇兆の借金って大変でしょ」って言う**わけ。上げ潮派の人は一〇〇〇兆という数字に着目しちゃまずいよと。**一〇〇〇兆の借金を減らしたいなら、「七〇〇兆ある資産を売れば減るでしょ」って言っている**んです。でね、資産の多くを占める貸付金や出資金を売るということは、貸付先の特殊法人も民間企業になりなさい、ということになるんですよ。

竹　それで、財政タカ派の人は天下り先がなくなると困るから「増税しましょう」と言い、上げ潮派の人は「独立行政法人を民営化しましょう」となるわけですね。

先　そう。財政タカ派の人は、借金を減らすには収入を多くするしかありません、収入を多くするには増税しないといけませんね、というロジックなの。

竹　なるほど、なるほど。あと、額が大きくて目を引くものがいくつかあるんですが、まず有価証券ってありますよね、これは何ですか？

先　これね、外国為替で持ってる外貨準備金ですよ。公表してないけど、数字から見れば、まあそうだよ。

竹　運用寄託金っていうのは？

先　平成一八年度だから残ってるんだけど、これはもうすぐなくなっちゃう。このときは、郵貯、年金、簡保とかって財投制度（財政投融資）の中で運用してたから、一部こっちに回してるのがあったのね。次の何年かしたら、民営化してるから、なくなっちゃう。

竹　あと大きいので言えば、有形固定資産っていうものがありますが、一八〇兆円くらいありますね。これは何ですか？

先　まず、国有財産っていうのは、たぶん森林とかでしょう。次に、公共用財産っていうのは、道路や庁舎とか公務員宿舎ですね。この中で、道路は売らなくていい。でも、公務員宿舎とかは売ればいいんです。その代わり、**公務員の宿舎は、必要な分だけ民間から借り上げればいい**んですよ。

竹　テレビで一戸建てのような感じの、やたら立派なものが映ってたりしますよね。公務員宿舎って、ああいう豪華なタイプがたくさんあるんですか。

先　たくさんある。特に都心にあるものなんか、土地が高いのにもったいないよね。**だったら民間に売って、六本木ヒルズみたいな高層ビル建ててね、一般の人にも分譲しちゃえばいい**んだよ。公務員は一部を借りて、階層を分けて住めばいいだけの話だからね。

でもさ、公務員って一つの村みたいになってるから、みんな反対するんだよね。まぁ、公務員宿舎の全部は無理にしても、一部を民間からの借り上げでやってもいいよね、ホントは。

●大きな政府と小さな政府、ホントはどっちがいい？

竹　中央集権的な政府への信頼が薄れてくると、だんだんと分権化が進みますよね。ということは……つまり、政府が小さくなるということですか。

先　そう。小さな政府と呼ばれてますけど、ただ誤解のないようにして欲しいのは、小さなサービスということではないんですよ。これには理論があってですね。**分権的にやったほうが、中央集権で独裁的にやるより、間違いは確実に少ない**んです。独裁的にやる場合、全知全能の人がやればいいけれど、**ラプラスの悪魔**じゃないけど、そんな人いませんよ。

それに、仮に私利私欲がある人がやるとメチャメチャになるでしょう。だから分権的にやって、ずっと監視する。自分の払った税金が無駄に使われてないか、ってね。これが**ニアイズザベター**（Near is the better）という原則なんですよ。身近な行政は、霞が関とかワシントンＤＣより地域でやったほうがニーズに応えやすいし、お金を払う側も、自分が住んでいるところに近い人がやってくれたほうが、ちゃんとやってくれているか監視しやすいでしょ。こういう原理を使った社会デザインを、中央政府が小ぶりなので小さな政府と言っているの。サービスは同じなんですよ。

竹　小さな政府って、そういう意味なんですか。ちょっと誤解していたみたいです。

先　みんなに誤解されちゃってるね（笑）。どんなに説明しても「小さな政府は弱者切り捨てなんだ」っていうプロパガンダがあるんですよ。小さな政府になって中央省庁の役人がいなくなると、コントロールが利かなくなると。だけど、インボイスのように監視ができるシステムがあれば、政府の役人がいなくてもうまく回るんです。

竹　となると、議員の数も減らしていいと。

先　いいですよ。決めることが少なくなるんだから。今だってね、中央集権だから国会議員は多くてもいいんだけど、**都議や県議みたいな議会の議員はいらない**んですよ。だって地方の運営費ってさ、国が吸い上げた税金から出してるんですよ。議員の仕事は、上京して「お金ください」って言うだけなの。

竹　あっ、それでいつも上京して陳情してるんですか？

先　そう、それが仕事だから（笑）。だから**議員**じゃなくて、実際の行政サービス**をする役人がいればいい**の、ホントは。だってね、**課税なくして代表なし**という言葉があるんだけど、議員って「税金をどうやって取るか」っていうのが一番の仕事なの。でも、**地方税法**という法律があって、これは実は国の法律でね。地方じゃ税金の取り方を決められないの。おかしいでしょ。だから、この仕組みを直して、**地方の税金で議員を雇えば、絶対に文句が出ると思いますよ**。「何でこんなに議員の数が多いんだ」ってね（笑）。それとね、「議会は夜開け」って言うようになりますよ。「昼間は見られねえんだから、夜やれ」って。

竹　なるほど。地方税から議員の給料や歳費を払うようにすれば、住民たちも「そんなに払えるか！」と怒り出しますよね。議会は、仕事が終わって家に帰ったあと、TVで見られるように夜やれと。

先　そう。アメリカなんか結構、夜に議会をやっているんですよ。それはみんな、自分たちが払った税金で議員を雇ってるという感覚があるからなんです。

竹　損をしたくないから監視する、こういうことですね。

■コラム［ラプラスの悪魔］

フランスの数学者ピエール＝シモン・ラプラスが考えた架空の知性。仮に宇宙のすべての原子や分子の動きがわかるような知性が存在するとしたら、ニュートン力学を使って、すべての原子や分子の未来の挙動はすべて計算で予測できてしまう。これは完全な決定論を可能とする。

実際には、よほど小さなシステムでなければ、原子や分子の状態を把握することはできないし、仮に原子一個だけを考えるとしても、今では量子力学の原理により、その原子の状態を一〇〇％の精度で決めることはできない。言い換えると、確率的にしか決められないことがわかっている。つまり、ラプラスの悪魔は無力なのだ。

確率がわからない財務省の数学オンチの人たちは、ラプラスの悪魔がいまだに存在すると信じているのかもしれない。それとも自分たちは、それさえ超越した存在だとも思っているのだろうか⁉

●補助金と交付税の違いって？

竹　地方の税源って、どういうものがあるんですか？

先　地方の財源って、純粋な**地方税**の他にね、国から配られる二つの税金があるんです。一つは**交付税**。これは、所得税や法人税みたいな直接税と消費税を財務省が集めて、三分の一ぐらいを総務省に渡すのね。それで、総務省は地方に差配するんだけど、まぁ公平じゃあないだろうね。だから、知事の皆さんは東京に来るんだよ（笑）。で、もう一つが**補助金**。これは正しくは**国庫補助負担金**というもので、各省庁が渡すの。（図25参照）

でね、この交付税と補助金では、目的用途に違いがあるんだけど、竹内さん、その違いってわかります？

竹　うーん、たしか去年（二〇〇八年）、麻生さんが道路特定財源の活用方法を云々して話題になりましたよね。

地方の財源

- **地方税**――地方で徴収
- **交付税**――財務省→総務省→地方に差配
- **補助金**――財務省→各省庁→地方に差配

（地方税・交付税：使い方は自由）
（補助金：使い方は限定）

※交付金は補助金の一種

図 25：地方財源の種類

先　そう、道路族が怒り出しちゃったやつ。結局、交付税でも補助金でもなく、交付金になっちゃったけど（笑）。**交付税というのは、使い方に制限がない自由なお金**なの。だから、地方の自治体が使い道を好きに決められるの。でも、**補助金は各省庁が使い道を指定して配っているお金**だからね。国交省から道路作るのに使えって配られたら、道路にしか使えないの。俗に**ヒモつき**って呼ばれてる。

竹　でも、麻生さんの時は、結局、交付税じゃなくて**交付金**になっちゃいましたよね。この交付金ってものは、交付税とはまたちょっと違うんですか。

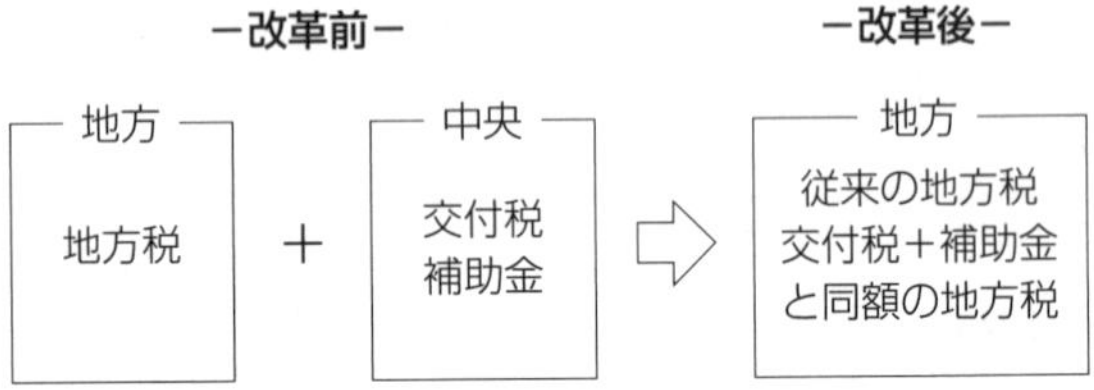

実際は（交付税＋補助金）×0.8 の地方税しか
移譲されなかった

図 26：三位一体改革

先　交付金って、補助金の一種だから交付税とは違うの。**道路に限定しないで公共投資に使うお金**という名目なんだけれど、たぶん道路に使われちゃうだろうから、結局は今までと使われ方は同じ（笑）。まぁ、どれも財務省が集めたものが各省庁に渡されて、それが配られるんだけど、使い方にはちょっとずつ違いがあるんですよ。

　最近、橋下知事とか東国原知事が出てきて、地方の話がやっと話題になってきましたけど、国と地方のお金の関係っていうのは、けっこう複雑なんですよ。何年か前に、**三位一体改革**という言葉がありましたよね。これは何かって言うと、この**交付税**

と補助金を減らして、地方税に持っていきましょうという改革だったんです。交付税と補助金の額は地方税の移譲で保証されるわけだから、本来は地方の努力次第で税収アップにつながるはずですよね。でも実際は、交付税と補助金を減らされた額の八割ぐらいしか税源移譲されなかったの（笑）。**（図26参照）**

竹　ええ!?　なんだか詐欺みたいですね。あとの二割はどこにいったんですか？

先　**財務省がもらっちゃった（笑）。「地方の自立を促す」って名目で。**ちゃっかりしてんだよ。さらにね、総務省もドジったの。交付税が多い地方自治体って、地方税が少ないんですよ。そういった地域もバッサリ減らしちゃったんだよね。だからもう、三位一体の話っていうのは、評判悪くて。ちょっとやり方変えないとダメだよね。でも、こうなると財務省はしてやったりですよ。

竹　それはなぜですか？

先　だってこうなると、**税金って最後、消費税しかなくなる**んですよ。本来、これを地方税に持っていけばいいんだけど、今回の件で「ほら、うまくいかないでしょ」「年金のこともあるし、あたしらに任せなさい」ってなっちゃうんですよ。

竹　ああ～結局、キツネとタヌキの化かしあいで勝ったのは財務省なのかぁ。こうなると、大きな政府派が有利になるわけですね。でも、大きな政府を志向する人たちも沢山いるわけですよね。その人たちの言っていることは間違っているんですか？

先　間違いではないんです。**大きな政府というのは、中央集権的な考え方**ですね。中央政府にお金を集中して、その政府が立派にやってくれる、というのが前提になるんです。キャッチアップの関係で、みんな一律に同じものを目指すという時には、この考え方は有効だと思います。だから、戦後はこれで良かったの。

でも、社会ってだんだん成熟化していくでしょう。**色んなニーズが出てきたら、今までと同じシステムじゃ機能しなくなる**んですよ。

竹　なるほど。アメリカに追いつけ追い越せの掛け声で日本が一丸となってやっていたときには大きな中央政府というシステムがうまく機能したけれど、今は、別のフェーズに入って、小さな政府、地方分権の時代になりつつあると。でも一方で、財務省は中央集権がいいから、これに抵抗する……。う～ん、バカヤローな構図ですね。

●地方分権と中央集権　ニーズの多様化とメディア

竹　ちょっと話は違いますが、高度成長期あたりまでは、国民みんながひとつの価値観で盛り上がってきましたけど、今は、個人の趣向も多様化していますよね。そういう意味では、新聞の販売部数やテレビの視聴率がどんどん落ちていったりするのは、ニーズが合わなくなってきているということの顕れなんでしょうか。

先　私には、そういうふうに見えますね。だって全然価値観が違うのに、地方の人が東京の番組見て満足するって、考えにくいでしょ。アメリカなんか、全国区のニュースは三大ネットワークでやってるけどさ、ローカル局でやっていることなんか全然違うもの。

竹　たしかにそうですね。たまに大阪に行って、午後の番組に出るんですけど……。

先　「ムーブ！」？　あれ、おもしろいよね。神戸のラブホテルの特集とかやっているの見たことがあるけど、関東の人にはまったくわからない（笑）。でも、関西の人にとってみれば、ああいう情報が欲しいわけですよ。人間誰でもそうなんですけど、半径二メートルくらいの出来事は関心がある。近所の人が出ていれば、面白いもんね。でも全然関係ない話って、興味が持てないっていうのはあるよね、一般的に。

■コラム「黒字倒産と番組打ち切り」

関西ローカルで四年間続いた大阪朝日放送の「ムーブ！」は、さまざまな行政の癒着や無駄遣いや不正をスクープした、異色の情報バラエティ番組だった。ボクも半年だが、隔週でコメンテーターとして出演し、科学コーナーをやっていた。他のニュース番組の場合、事前にリハーサルをやり、だいたい何をしゃべるかを局側に多少コントロールされるのが普通だが、「ムーブ！」はリハーサルなしのぶっつけ本番なので、コメンテーターの発言に制約がなく、ホンネをぶつけあう仕組みになっていた。視聴率も同時刻帯で一位を競っていたが、二〇〇九年三月で打ち切りとなった。

東京のキー局がつくったニュースをそのまま地方局が流す仕組みは、東京の霞が関のお役人が地方をコントロールするのと同じで、「ムーブ！」の存在意義は、そういう東京中心の構図にくさびを打ち込む意味もあったように思う。
番組打ち切りの主な理由は、金融危機にともないスポンサーが減り、採算が取れなくなったこと。高視聴率番組の打ち切りは、企業の黒字倒産と似た構図である。地方分権はテレビの世界でも、なかなか難しいようだ。

●地方分権のメリットは？

竹　地方分権の理論的な定義って何でしょう？

先　これは経済の市場原理と似てるの。かいつまんで言うと、**所得の再分配はできないけれど、多くの人が自分の満足度を高めるために行動をするわけだから、取引をすると片方が有利で片方が不利ということはない**、というのがまずあるんです。で、市場というのは、その取引を通じていくと、みんなちょっとずつ幸福が高まっていくはずだ、という考えがあるんですよ。これを**厚生経済学の基本定理**といって、経済学者はこの市場の原理を重視するわけ。

地方分権の定義というのはこれと似てるんだけど、中央が地方のために何かやってあげるというのは、わかりづらいでしょう、それよりは、近くの人が行政サービスをやったほうがいいでしょう、という話。それでもし嫌だったら、他の土地に行けばいいでしょうと。まぁ実際は、引っ越しちゃうようなことは少ないだろうけど、少なくとも住みたくなるような土地にはなっていくでしょう。

竹　言われてみれば、たしかに。

先　目に見えるところで行政サービスが行われれば、嫌なら他の所に行っちゃうとか、選挙で担当者を落としちゃうとか、そういうことができるんですよ。だからね、**地方分権にすれば、基本的には良くない行政担当者は選ばれない**、というのがあるんですよね。

竹　都心と地方では、少しニーズが違いますよね。たとえば、ボクの実家がある鎌倉には、鎌倉独特の価値観があって、産業が発達して人や企業が沢山集まるよりは、環境を大切にして古都・鎌倉のままであって欲しいというような価値観があるんです。

先　だから、鎌倉はそれでいいの。環境を大切にしたくない人は、ヨソに行っちゃえばいいのよ。

竹　ああ、そうか。そのせいで鎌倉は税金は高くなっちゃうけれど、税金が高いのが嫌な人は他の所に行けばいいと。

先　そうそう。たとえば、**環境を重視するのが嫌だっていう市長さんがくれば、みんなで罷免しちゃえばいい**のよ。

竹　そうですよね。中央のお上が決めるわけじゃないですものね。

先　そうそう。だから、こっちのやりかたのほうが、住民が満足のいく行政ができるということです。たとえば、アメリカなんかもそうで、**わざと固定資産税を高くする地域がある**の。

竹　はぁ、そうすると？

先　貧乏人が来なくなるんですよ（笑）。そうするとね、金持ちしかいないから、犯罪がなくなるの。これは、平等主義とは反するんだけど、まぁ、その地方自治体はそ

1925 年　スコープス裁判
当時、進化論を教えることを禁じられていたアメリカで進化論を授業で教えたとして、テネシー州のジョン・スコープスが逮捕される。

1982 年　アーカンソー州授業時間均等法裁判
アーカンソー州で制定された進化論と創造科学（創造論）を均等な時間で教える法律が、裁判の結果、違憲となる。創造科学は科学ではないとされる。

1987 年　ルイジアナ州授業時間均等法裁判
ルイジアナ州で制定されたアーカンソー州と同内容の州法が、最高裁までもつれ込んだ結果、違憲となる。

現在、創造論はインテリジェント・デザイン論として存在している。

図 27：進化論をめぐるアメリカの主な裁判

れでいいかと。その代わり、ここは税金が高いけれど、別の自治体では、すっごく税金が安いところも当然出てくるわけです。

竹　ああ、面白いですねぇ。

先　そう、面白いの！　アメリカなんかだと、一番面白いのが教育。日本では一律に同じだけど、土地土地によって考え方は本来違うわけよ。考え方が違うなら教育も違っていいだろうと、進化論を教えるところと教えないところがあるのよ、ホントに。

竹　ああ。たとえば、この地域は宗教性が高いから、進化論は教えない。でも、隣の地域では科学的な価値観が高いから、進化論を教えると。まぁ、この件では裁判も行

われていますが、もし嫌なら、他の地域へ行けばいい。（図27参照）

先　そういうことなんだよね。たしかに、すっごい考え方なんだけどね（笑）。でもこれは、価値観の違いを尊重しているワケ。だって、これが日本だったら、ぜ〜んぶ進化論を教えろって話になっちゃうじゃない。でも、それはひとつの価値観でしょ、という話。だから、価値観の多様性を認めようという思想が、地方分権の根底にはあるんですよ。

●地方分権と教育は背中合わせ

竹　アメリカだと創造主義というか「神様が世界を作りましたよ」という話があって、科学者はそれに真っ向から対立するんですよね。これがさらに、テレビやラジオなんかで取り上げられるから、国民が興味を持つんです。つまり、アメリカでは科学は宗教と闘っているから、科学雑誌なんかがよく売れるんですよ。たぶん、日本より一〇倍以上売れているでしょうね。

先　日本だと「ニュートン」くらいしかないもんね。

竹　ニュートン誌が最大で二〇万部くらいなんですが、アメリカではサイエンティフィック・アメリカン誌が七〇万部。国内だけで、これだけの数が売れるんです。あと、ポピュラーサイエンス誌とかディスカヴァー誌も一〇〇万部クラスですよね。でも、日本ではサイエンティフィック・アメリカンの日本版・日経サイエンス誌が二万部。**人口差を考えても一〇倍以上の違いがある**んですよ。

先　へぇ〜！

竹　つまり何が言いたいかというと、アメリカは多様性があって、いろんな議論が活発なんですよね。進化論一つとっても、宗教と科学が侃々諤々（かんかんがくがく）の議論を繰り広げて、裁判の模様がテレビやラジオで流される。進化論の賛成派と反対派がメディアで激論を披露する。だから、科学の啓蒙も活発になって、科学誌もバカ売れする。

先　注目するんですよ。それが、教科書に書かれて与えられるものが全てだったら、議論の余地ないもの。覚えることしかなくなっちゃうじゃない。

竹　日本の場合、こういうことがないから、退屈になっちゃっているんですかね。

先　退屈だよね。だから、何も考えずにひたすら書かれたことを覚えるというかね。国定教科書とかになっちゃったら、他のこと書けないでしょ。

竹　実に面白い現象ですね。

先　だから、多様性があるということは悪くとられがちだけれど、実はそうじゃないんだよ。そうするとさ、さっきの地方自治の話だって、全然考え方が違っても、それはそれで結構でしょう、ということになりますよね。だから、進化論の話がいい例だと思うけれど、教育っていうのは、すごくローカルなものだから、国は介入するなって話になるのよ（笑）。だから日本みたいに、国定教科書なんか決めると大変なことになる。何で、勝手にお上が決めるんだよって話になるわけ。変な教材って言われたって、ディスカッションして決まったことなんだから、これでいいじゃないのよ、ということになる。そっちのほうが面白いよね。

竹　そうですよね。ノーベル物理学賞をとったファインマンという人が、自分の地域で採用する教科書のため、教育委員会に出かけて議論したらしいんです。日本では、ノーベル賞とった人がわざわざ教育委員会に出かけて行って、教科書を決めるなんてありえませんもんね。

先　やっぱりそれは、アメリカでは教育がローカルな行政だからなんでしょうね。竹内さん、小学校はアメリカでしょ？

竹　はい、父の転勤で、ＡＢＣもわからないのに、いきなりニューヨークの現地校に放り込まれて、最初は死ぬかと思いましたよ。

先　親も大変なんですよ（笑）。年中呼ばれてね。やれ、今度はこういうコースを開講するとか、ＰＴＡがなんだとか、色々と説明を聞きに行かなきゃいけない。で、何でこんなに色々あるのかと思ったら、次の年の税金が違うんですよ。私もアメリカにいた時は、なんかムチャクチャな議論とかあって面白いから、全部聞いてたよ（笑）。要するに、**地方税で行政が行われているということが、教育をすごく身近なものにしているんですよね。**

竹　日本の場合で言うなら、自分の子供が通っている塾に注文をつけるとか、そんな感じでしょうか。

先　そうそう。日本だと、国税で税金を徴収した後に地方行政が行われているから、

税金で教育が行われているっていう実感があまりないんだよね。

●増税は避けられない？

竹　二年後に増税するって話は、やっぱり避けて通れない道なんでしょうか。

先　それはそうかもしれない。だから、なるべく増税を避けようとしてる上げ潮派の人たちも、すごく長い目で見れば、増税がないとは言わないの。でも、「増税をするんだったら、まず官のほうがスリム化しないと国民が納得しないでしょ」と言ってるだけ。**このままの状態で増税するってのは、それはちょっと虫がいいんじゃないんですかっ**ていうことなんですよ。

竹　増税する場合は、やはり消費税を上げる？

先　たぶん、そうなっちゃうでしょうね。でも、たとえば**年金の財政を良くするために消費税を上げるっていうのは、実はまずいのね**。って言うと、みんな年金のために消費税を上げるというプロパガンダに慣れ親しんでるから、「えっ？」って言うんだけど……竹内さんはわかります？

竹　地方の財源にならなくなるから？

先　そう。実は これ、地方分権と関係あるんですよ。理想の政治の形が地方分権で、世の中の動きが徐々にそうなってきているということは、さっき説明した通りです。で、もし地方分権をしようとしたら、今、国が吸い上げて差配してる税金を地方に移し替えなきゃいけなくなるわけ。「税金をすぐ近くで払うことによって監視する」というのが地方分権だからね。

日本の場合は、昔「三割自治」って言われていたんだけど、地方税による税収っていうのは、地方の歳入の三割から四割くらいなわけ。それくらいじゃあ、住民のほうもお金を出している感覚がないから、地方の自治体に関心が向かないですよね。地方の財源の話はさっきしましたけど、具体的に言うと、国から地方にだいたい二〇兆円くらいのお金が流れているんです。だから地方分権を実現しようとするなら、国が吸い上げている税金のうち二〇兆円くらいは、**税源移譲**で地方にあげないと分権化は進まないんだよね。そうすると、地方に二〇兆円あげるためには、実は消費税を地方に移さないと無理なんです。
　でも、その一方で、年金の財政を良くしたいって話を持ち出されてしまうと、地方に税金を移せなくなっちゃうんですよ。じゃあ、年金も地方で運営すればいいじゃないかって思うかもしれませんが、これだけは無理。なぜかと言うと、**年金って保険なの**。保険というのは大数の法則を効かせないといけないから、大きな母集団が必要になるんです。だから、**どこの国でも年金だけは国の業務になる**んですよ。つまり地方分権を進めようと思ったら、年金の財源として消費税は上げられない。こういうロジックなんです。
竹　うーん、つまり、地方に二〇兆円あげるためには消費税アップが必要なんだけど、年金は国がやらないといけないから、消費税アップを年金とからめると、地方にはあげられない!? 消費税、消費税といっても、**将来的に国をよくすることを考えて地方分権をとるか、目先の問題を解決するために年金をとるか**の話なんですね。
先　そう。でもね、こういう論理って普通はちょっとわからないじゃない。だから財務省は「地方分権も大事ですが、年金も大事ですよね。じゃあ年金の安定化を図るために、一部だけ消費税を使いましょう」って言うの。**でも実はこれ、消費税を国の財源として確保したい財務省の陰謀**なんですよ。

竹　ああ、なるほど。あえて年金をからめることにより、消費税は一度、財務省を通ると？

先　そうそう。**財務省にしてみれば、お金を差配することがパワーの維持になるの。**そのためには、税金を吸い上げて配るっていうのが一番。**お金は一度財務省を通す、**この思想だけは、絶対に譲らないから。

竹　こうして見ると、財務省の言っていることは組織防衛という観点からもすべて筋が通ってますね（笑）。

先　頭いいから、完璧に整合性はあるんです（笑）。だから、国が目指す方向と彼らの考えにズレがあるときには、非常に問題なんですよ。だって、地方分権って誰も否定しないでしょ。できることならそうしたいとみんな思ってるんだけど、一方で、それを阻むようなことを財務省がやっちゃうんですよ。

竹　麻生さんはどっち派なんですか？

先　あの人はよく知らないでしゃべってるかな（笑）。こういうトリックは、絶対意識してないよ。

竹　たしかに漢字とかも読めないのに演説の文章をそのまま読んでますね。政治家っていうのは、お役所のほうからいろんな情報を聞いて、自分で判断するんでしょうが、そのときにやっぱり、お役所にとって都合のいいことを吹き込まれちゃう？

先　だってなにも知らなければ、「年金、このままだと国民に払えなくなっちゃいますよ」「消費税上げないと大変ですよ」って聞いたら、そのまま喋っちゃうでしょ。

竹　政治家がバカだったら、そのまま喋っちゃうわけですね（笑）。

先　もっと言えばね、自分たちのミスも棚に上げて言うんだよ。「年金払わない人が沢山いて大変ですよ」「こんな状態だったら保険料で取るのをやめて、一斉に消費税から取ったほうがいいんじゃないですか」ってね。それでみんな、うまいこと乗せられちゃうの（笑）。

竹　財務省にコントロールされる政治家って、なんだかテレビ局に発言をコントロールされるコメンテーターみたいでかわいそうになってきましたよ。いやぁ、財務省って、バカヤローな考え方はするんだけど、バカじゃないから恐いですねぇ。

●年金っていう仕組みは潰れちゃう?

竹　日本は少子高齢の社会になってきていますよね。すると、この先どんどん保険料を支払う人が減って……年金って、やっぱりこのままじゃ潰れちゃいますよね。僕が六五歳を迎える頃には、年金がもらえなくなっちゃうんじゃないかと不安なんですが。

先　まず、潰れそうだっていう印象をね、きちんと数字でチェックしないといけないんですよ。**潰れるか潰れないかっていうのは、収入と支出に分けたバランスシートを見れば一目瞭然**なの。収入というのは、保険料の総額。支出っていうのは、払う年金の総額。もう、ずっと支出のほうが大きいんです。これが年金が潰れそうだって言われてる理由です。具体的にどのくらい足りないかっていうと、**三〇〇兆〜四〇〇兆円くらい足りない**んですよ。でも、保険料を上げるとつじつまが合っちゃう(笑)。だから、保険料が上げられるかどうか、という議論になるわけ。保険料が上げられたら、実は

単位は億

年度	収入					支出			収支差	年度末積立金
	合計	再掲				合計	再掲			
		保険料	国庫負担	運用収入	基礎年金勘定より繰入		国民年金給付費	基礎年金勘定へ繰入		
2001	60,389	19,538	14,307	2,263	24,245	59,205	25,133	32,871	1,184	99,490
2002	58,224	18,958	14,565	1,897	22,771	58,709	23,819	33,693	△485	99,108
2003	57,677	19,627	14,963	1,523	21,534	58,177	22,293	34,853	△500	98,612
2004	55,709	19,354	15,219	1,044	20,076	57,416	20,888	35,437	△1,707	96,991
2005	61,175	19,480	17,020	758	18,763	62,245	19,527	38,976	△1,071	91,514
2006	59,165	19,038	17,971	607	17,108	60,358	18,149	41,002	△1,194	87,660

図 28：国民年金収支状況の推移（出所：厚生労働省）

年金問題はなくなるの。**（図28参照）**

竹　どれくらい上げればいいんですか？

先　今の保険料率は一〇％ちょっとだと思うけど、あと七、八％必要。議論の中心は、この七、八％を上げられるかどうかなんだけど、もし国力が十分だったら簡単に上げられる。でも、経済成長率は下がっているし、少子化も進んでるでしょう。これは、痛いんですよ。**結論から言うと、経済成長を遂げるか少子化対策が進まないと、年金は大問題になるの。**

竹　経済を成長させるか人口を増やすか。じゃあ、今の状況からすると難しい？

先　だから、こうなるとね、もう、払うほうを少なくするしかないんだよ。寿命が延びてるでしょ。だからもう少し長く働いてもらって、支給開始年齢を上げると年金で払うお金は少なくなる。これは最後のやり方だけど、支給開始年齢を平均寿命にそって上げていくというのが、一番簡単。それで次に、経済成長をするのが簡単。少子化が一番難しいと思うよ。

竹　それでも、保険料の負担方法の論議って、色々ありますが。

先　あんなの、何やったって一緒なんだよ。全然意味のない議論してるんだから。**年金制度を維持させるんだったら、保険料を上げるか、貰うのを少なくするかしかない**んだよ。数学的にもね、それしかないの。これね、**予算制約式**って経済学で言うんだけど、要するに「収入＝支出」というのは、誰がどうあがいても崩せないものがあるわけ。収入っていうのは、今いる人とこれから生まれてくる子供しか払う人がいないんだから、少子化が進めば、それが少なくなるのは確実なんですよ（笑）。こんなのさ、数学の恒等式だから誰が考えてもみんな答えは一緒。「一＋一＝二」ぐらいの話ですよ、ホントは（笑）。

竹　予算制約式……**ラグランジュの未定乗数法**と同じような考え方なんですか？

先　そうそう。与えられた条件の中で、**「効用を最大化させるにはどうすればいいのかを考えればいい**んです。つまり、「保険料を上げてもいいから年金をちゃんと払って欲しい」っていう人のことを尊重するのか、「保険料が上がると困るから年金を減らして欲しい」っていう人のことを尊重するのか、それだけですよね。

竹　なるほど。ところで、年金ってもらうお金より払うお金が多い場合もある？

先　それは世代によって違っていて、昔は払う人が沢山いて、貰う人が少なかったからたくさん貰ってるわけ。でも、四五歳か、今はもう五〇歳くらいかな、それ以下の人たちは、絶対払うほうが多いよ。これ、どう考えても仕方ないね（笑）。

竹　元本保証がない、ということですか……。

先　ないですね、最初から（笑）。元本保証とか自分の蓄えだなんて思っているのは大間違いでね。**親への仕送りみたいなもんなんですよ、はっきり言えば**。それしか言い換えできないもん。仕送りの時に、子供が多かったら親は仕送りの金額も多いでしょ。でも子供が少なくなったら、親の仕送りは少なくなる、というだけのことですよ。ホントに。これをひっくり返すには、出生率を上げるしかないんだけれど、これだっていう画期的な方法がない。

竹　中川秀直さんが昔、一千万人の移民計画って言ってましたよね。少子化対策に移民政策をとるっていうのは、どうなんですか。

先　できないことはないですね。ただ移民政策をすると、マイナス要素も必ず出る。労働力が欲しいからといって、所得の低い人を入れると社会的な損失もむちゃくちゃ大きくなるんですよ。だから移民政策は、最初はプロフェッサーとか知的階級だけ受け入れるの。要するに、お金を持っている人を入れるんです。

　でも、お金がある人は日本に来るインセンティブがそんなにありませんからね。矛盾が出ちゃう。だから、年金問題の為に移民政策をとるというのは、やめたほうがいいと思いますよ。そんなに確実なもんじゃないしね。だったらもう、払うお金を少なくしたほうが簡単なんです。

竹　数学的に考えると単純でわかりやすいですね。年金問題は、保険料アップか、受給額ダウンか、二者択一でそれ以外はない！　ただし、少子化に歯止めをかけて人口が増えればなんとかなると。

■コラム［ラグランジュの未定乗数法］

ラグランジュのナントカが予算を制約？　なにやら難しげだが……。

たとえば、飲料会社が、一〇〇〇ｃｃの容量（という制約）をもつペットボトルをつくりたいとする。ただし、材料費を抑えたいので、ペットボトルの表面の面積は最小にしたい。

この飲料会社が抱えているような問題は、数学ではラグランジュの未定乗数法という計算テクニックを用いて解くことができるのだ。面積の最小値を求めるには微分を使うが、そこに制約条件が加わるのである。

学校で関数の最小値を求める問題を微分で解くときには、あまり制約条件が出てこないが、それは「学校の数学」だからである。現実の社会や製造現場では常になんらかの制約条件がある！

経済学の場合、使える予算には当然のことながら制約があるから、やはり、ラグランジュの未定乗数法と同じ考えで予算を組むことになるのだ。

●脱税摘発はタレ込みで！

竹　ちょっと話は変わりますけど、財務省では、必ず若手のキャリアが一年間税務職をやるんですか？

先　今はありませんが、以前はそうでした。ほぼ全員、一年間ね。

竹　財務省の若手キャリアが税務署長をやることには、どんな意味があるんですか？

先　まず一つは、実務経験を積ませるっていうのがあるんでしょうね。それと、もう一つはね、財務省の人間が税務署長としてポッと行くのは、インセンティブメカニズムと関係があるんですよ。とはいっても、財務省がそんなふうに理解してるわけじゃないんだけどね。

　で、どこら辺がインセンティブかっていうと、**財務省の人間がいる時に脱税を摘発するとね、給料がスゴく高くなる**、っていうのがあるんですよ。普通は一階級しか昇進しないのに、二階級昇進するんです。全国に税務署は五〇〇くらいあって、その中からランダムに選ぶから、財務省の人間がどこに行くかはわからないけど、来たらチャンス！　実績を上げれば昇進するってみんな知ってるから、一所懸命頑張るわけ。これが、もう一つの意味なんだと思うよ。だから、財務省から来た若い税務署長のいるところって、明らかに他の署より成績が高いのよ。

竹　今年は頑張ろうっていう。

先　本当にそう。いい実績を残した人は、税務署の上部組織である国税局や国税庁に報告しなさいっていうから、報告するだけなんだよ。そうすると今までまったく日の目を見なかった人でも、一発大当たりしちゃって。まぁ、こういうインセンティブメカニズムはありますよ。

竹　脱税を摘発する時って、実際にはどうやって会社を選んで調査するんでしょう。

先　**はっきり言えば、タレ込み**（笑）。目星を付けていくんですよ。情報があるヤツの中から調査する。そういうのがほとんど。

竹　学生時代、家庭教師のアルバイトをやっていた先が東京の下町の町工場だったんです。で、そこの社長さんが商売上手で、結構儲けていたようなんですけど、外車は絶対買わないって言うんですよ。

先　それは外車に乗ってると「あの人儲かってますよ」って税務署に投書がいくからだよね。

竹　あーそうなんだ！

先　外車に限らないけど、みんな妬みはあるわけですよ（笑）。羽振りが良すぎるとかね。もちろん、まったくのやっかみの時もあるけど、そういうのが年中税務署に来るから、そういう中から選ぶんです。

あとは、大きい企業はルーティーンでやりますよ。規模によって三年に一回、四年に一回なんて決まっているの。そうすると、そこは定期化できる。それ以外はタレ込み。でも外車を買わないって言うのは、情報が漏れるのを防ぐって意味では合理的ですよね（笑）。

竹　タレ込みって、投書だけなんですか。

先　今はたぶんインターネットだと思うんだけど、昔は手紙がほとんどでしょう。根拠がきちんと書いてあるときもあるし、全然書いてない時もあるし（笑）。でね、そ

の投書を募る方法なんだけど、「税は社会のためになる」とか「共通の定義」だとか書いたド派手な看板の車をわざとその会社の前に停めるの（笑）。これでいいの。そうすると、税務署が入ってるのがわかるから、投書がくるんですよ。こういった時の投書には信憑性があるよね。

竹　あそこは、ちょっとにらまれてると。

先　今、税務署が入ってるんだったら、投書を出す。出す人から考えたら、今調べてるんだったら税務署も見てくれるだろう、というのがあるんでしょうね。だから、税務署のほうもわざと目立つようにやるわけ。意味もなく派手にやるとプライバシーの侵害になっちゃうから、合法的にやるために車で行くの。そうすると、用があって来てんだから、しょうがないでしょってなるの（笑）。

竹　言葉が悪いですが、サクラみたいな感じ？

先　そうそう、サクラ（笑）。もっと的確に言えば、合法的なアナウンスって感じですかね。情報が必要なのは事実なわけで、それをいただきたいから、いろんな活動をするんですよ。

これはね、金融機関の検査も一緒なの。金融機関の検査官がね、今どこに入ってます、ってわざと言うんですよ。そうすると、情報がドカッと増える。変なことやってますよって情報がいっぱい来るの。

竹 へぇ〜。タレ込み以外に脱税を見つける方法ってあるんですか？

先 脱税の証拠を見つけるんだったら、売上げの帳簿を見つけるのが、一番簡単なんですよ。でも、なかなか見せてくれないですよね。だから、それとなるべく近く対応するものを探して、本当のところを見ようっていう考え方があるの。これは数学のデュアリティーと似ていますね。

たとえば、飲み屋なんか結構簡単でね、座席の数を見る。あとラブホテルなんかは有名な話でね、出入り業者が持って来るタオルを見るんですよ。一人で二枚も三枚も使う人もいれば、使わない人もいるかもしれない。だけど、一〇枚使う人はいないだろうから、基本的には一人一枚使うだろうって仮定するの。そうすると使用済みのタオルの数を見れば、お客の数がわかるはずだってね。

竹 似たような話を聞いたことがありますよ。ボクが住んでいる横浜だとシューマイ弁当が有名ですが、このお弁当屋さんが昔、脱税を摘発されたきっかけが、グリーンピースだったという話を聞いたことがあります。

先　シューマイの上に載ってるあれね。

竹　ええ、税務署がいくら調べても脱税の証拠がみつからない。そこで、タオルと同じで、シューマイの上に一個ずつ載っているグリーンピースを納入している業者から調べていった。すると、シューマイの販売数とグリーンピースの数が合わない！　そこから脱税が露見したそうです。

先　だから、こういったデュアリティーで探る時に重要なのは、外の業者なの。脱税をしている会社も外の業者にはあまりごまかせないから。納入業者のほうに目を向けて、正直に申告しなかったら調べるぞと。そうするとマジメに申告するから、デュアリティーで探りやすいんですよね。

竹　脱税摘発も、デュアリティーを利用しているんですね。

先　**双対原理**なんて言い方をしますね。科学や物理、数学をやっている人には、こういうのは当たり前なんだよね。

■コラム「双対性（デュアリティー）」

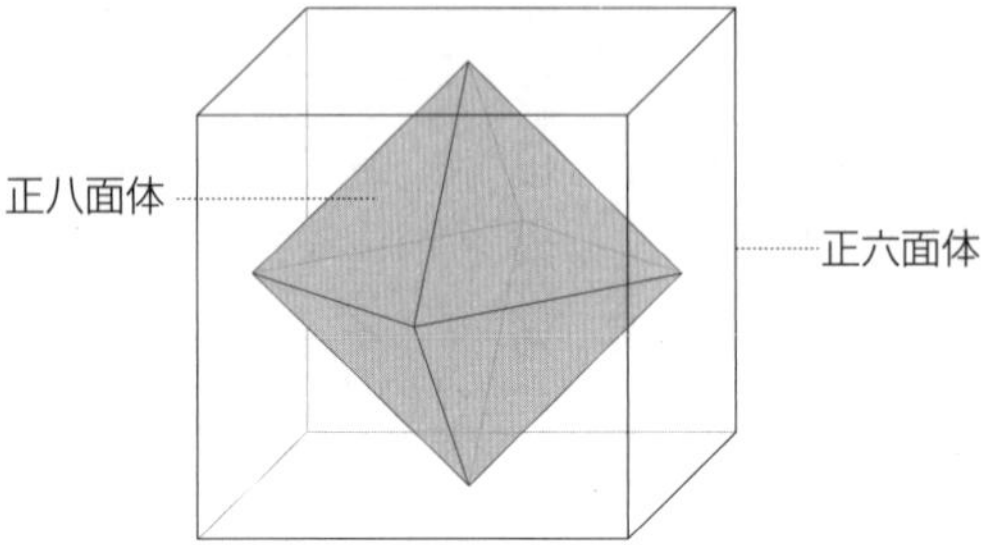

正六面体の面の中心を結ぶと、正八面体になり、正八面体の中心を結ぶと正六面体になる。
→つまり、正六面体と正八面体は双対関係にある

図29：プラトン立体

物理学や数学では、一見、なんの関係もない理論同士が、実は同じ中身をもっている場合を「双対」と呼ぶ。どうやら、経済でも事情は同じようで、一見、なんの関係もないような帳簿（レシート、その他）を見れば、同じ情報をもっているから、脱税の証拠になるわけだ。

物理学では、有名な例として、電磁気学において、電場と磁場の関係も双対性をもっている。

数学では、たとえばプラトン立体が

ある。いわゆる正多面体のことだが、この正六面体の六つの面の中心点を結ぶと正八面体になる。逆に正八面体の面の中心を結ぶと正六面体になる。この二つの立体は同じ情報をもっているから双対なわけだ。（図29参照）

さらには、正一二面体と正二〇面体も双対関係にある。ただし、正四面体の双対は正四面体になるので何も変わらない。

●番号制があれば脱税も解決？

竹　銀行も脱税ってするんですかね？

先　金融機関自体が脱税することは、ほとんどありませんね。金融機関というのは、取引の中で必ず銀行口座があるんです。そうするとですね、お金の痕跡が残りやすいんですよ。それと、銀行も税務署からしょっちゅう照会を受ける。これ、法律で決まっているから拒否できないんですよ。

反面調査っていって、無理に拒否すると、銀行自体が潰されちゃうんです。だから銀行は年中、反面調査の照会を受ける。脱税しにくいですよ、正直。

竹　じゃあ、脱税がしやすい業種ってあるんですか。

先　現金で取引している業種かな。取引記録の残らない現金は、脱税しやすいですよ。

竹　小さなお店みたいに、現金商売をやっているところですか。

先　そう、レシートないでしょ。業種っていうより、痕跡が残るかどうかの話なんだけどね。レシートがあれば全部追及できるでしょ、基本的には。だから本当は現金取引じゃなくて、口座取引みたいにしてもらったほうが脱税はされにくいんですよ。

でも、日本の場合は現金でやってるトコの比率がちょっと高いから、脱税しやすいんですよ。

竹　へぇー、日本って脱税がしやすいんですか？

先　そう。それにね、銀行口座を照会するのも、日本のシステムだと楽じゃないんですよ。たとえば、アメリカの銀行とかってSSN（ソーシャル・セキュリティー・ナンバー：運転免許証の取得や、就職、ローンを組む時など、戸籍のない米国では個人識別にSSNを使う）っていうIDがないと口座が開けないんです。ああいうのが日本にもあれば、調査する時も特定しやすいんですけどね。

竹　ありますね。もともとは、ニューディール政策の時に導入されたんでしたっけ。アメリカには戸籍がないから、あれで個人を識別してますもんね。そうですよね、あれを日本でも導入すれば……。

先　すればいいんだけどね（笑）。そうすれば、脱税できないもん。でも、これはいつも文化人が「国家管理だ！」って騒ぐからできないんだよね。

竹　国民総背番号制って必ずどこからか反発が出ますよね。おかげで、脱税をやってる人たちが助かってると……。

先　助かってる。だから、そういう人たちを助けてるということは、SSNに反対する人たちもその一味なんじゃないか、って思っちゃう。まあ、インセンティブで考えるとね、多くの人は自分の利益になるように動いてるんですよ。そうすると、**へたれ左翼知識人のプレステージを保つためだけじゃなくて、脱税してる人の味方になることで、その人たちからお金もらってるとしか思えない**んだよね。

それにね、**残念なことに日本の中小企業っていうのも、脱税を好む**んですよ。**結果**

的に中小企業を支持母体としている自民党は、そういうところと結託しちゃってるわけ。

竹　政府与党がそんな状態だから、なかなか踏み込めないのが現実なんですね。

●年金記録問題は番号制があれば起こらなかった?

竹　考えてみると、SSNって脱税防止以外にも、いろいろと役に立ちそうですね。

先　そう、年金記録問題ってあったじゃないですか。あれなんかもね、番号で管理してないから、困っちゃってるんですよ。

竹　日本ってもっとシステマティックなイメージがあったんですが、すごく杜撰（ずさん）でしたよね。

先　そう、そこはまったく杜撰（笑）。絶対に照合できないんですよ。だって、住所が欠けてるんだもん（笑）。

竹　無いんですか!

先　うん（笑）。そうするとね、氏名、性別、生年月日の三つの情報しかなくてね。数学的にちょっとやればわかるんですけど、これだけで日本人を全員特定できるわけないの。普通にやると六つくらいの条件が必要なんですよ。

竹　ちょっと話が脱線しますが、物理学だと三つの情報しか持っていないのは素粒子とブラックホールだけですよ（笑）。両方とも、質量、電荷、回転という三つの性質が決まるとすべて決まっちゃう。

　で、面白いのは、素粒子なんか、「誰」とか「どっち」ということすら意味がない。なぜかといえば、三つの性質が同じだと区別できないから。つまり、三つの性質くらいじゃあ、アイデンティティーはないんですよ。

先　おもしろいね（笑）。社会保険庁が混乱するのもあたりまえだよね。

竹　おまけに、氏名にしても、同姓同名っているでしょうからね。

先　ひとりは必ずいるじゃん。だから、これは無理なんですよね。はっきりいってデタラメ記録ですよ。デタラメ記録なんだけど、六〇歳間際になったときに「あなたの年金はこうですよ」ってお知らせが来るの。でもはっきりいって、覚えてないですよ、みんな。だから「はい、そうですか」で終わりなんですよ（笑）。それで文句があっても「資料出しなさい」って言われちゃって終わりなんですよね。四〇年も昔の資料や記録なんて、あるわけないじゃないですか。だから、圧倒的に国民が不利だったんですよ。

これを、**申請主義**と**裁定主義**っていってね。**申請してくれれば、裁定して年金あげますよ**って意味なの。申請しなきゃもらえないっていうのも変だし、**裁定するんじゃなくて管理しといてよ、**って思うよね。

竹　バカヤローな話ですね。それは、そうなるってみんなわかってたんですか？

先　**すご〜くわかってました。**あまりにヒドいから二〇〇一年に経済財政諮問会議というところで、**社会保障個人勘定**っていう制度を作ろうとしたんだけど、それをやると今までのことがバレちゃうからやらない、となって最近まで来ちゃったの。

竹　つまり、**一方で左翼系知識人と言われる人が、**思想**（もしくは金銭）的な理由から反対する。もう一方では、**社会保険庁**もバレるとマズいから反対すると。**

先　そういうことですね。結局それがずっと続いちゃったんです。

竹　なるほど。でも年金みたいな社会保険料って、税金とどう違うんですかね。

先　社会保険料も英語でいうと、**ソーシャルセキュリティータックス**っていって、税金とあんまり変わらないの。だから、**本当は税務署が取ればいいんだよね。アメリカじゃ、社会保険料を払わないと税務署に財産没収されるんですよ。**国税の徴収法とまったく同じ考え方なんです。

竹　じゃあ、アメリカでは税金も年金も同じところが徴収するんですか。

先　ＩＲＳ（米国国税庁）っていうのがあって、そこが全部やってくれる。同じ役所がやったら、簡単でしょ。これだけだ。でも日本ではできないの。社会保険庁の職員だけじゃなく、厚生労働省も反対するの。

竹　つまりそれは一元化して日本版ＩＲＳみたいなのを作った時、厚生労働省の管轄ではなくなっちゃうから？

先　そうそう、それだけ（笑）。天下りができなくなっちゃうから。つまらない話なんですよ。厚生労働省の人間から見れば、天下り先が一つあって、そこにしかフォーカスされてないの。

竹　う〜ん。こうやって見ると、税金という共通経費を集めて、政府を作ってみたんだけど、政治家からお役人まで、政府関係者の多くは自分の身を守ろうとすることばかり考えるもんだから、今やいろんなところにひずみが出ている感じなんですね。はぁ〜。何だかバカヤローと言う気力も萎えるくらい、バカバカしい話ですね。

■コラム【三つの情報で日本人をすべて特定できない理由】

仮にタナカ・アキコさん（女、七〇歳）が特定できるかどうか、おおまかに見積もってみよう。

たとえば七〇歳の日本人の人口は約一五〇万人だ。第一の情報である「性別」により、男なら約七〇万人、女なら約八〇万人に絞られる。タナカ・アキコさんは女性だから、八〇万人に絞られた。

次に、第二の情報である「生年月日」により、八〇万÷三六五（日）＝約二千人まで絞られる。

で、第三の情報である「氏名」で二千人を一人に絞れるかどうかだが、カタカナなので、タナカ・アキコといったポピュラーな氏名だと重複の可能性が高いから、よくて数名、下手をすると数十名までしか絞れない。

さらに、入力のまちがいが多いため、生年月日や氏名の情報も正確ではないとなると、年金の情報がどのような悲惨な状態になっているか、もうおわかりだろう。

うーむ、いったい誰が、こんなずさんな設計をしたのでしょうかねぇ。

補習授業！［東大は民営化しろ］

竹　政府資産というものの中には、いわゆる国立大学も入るんですか？

先　入る。海外なんかだとさぁ、いわゆる一流の大学って私立だったりするんだよね。オックスフォードだって、MIT（マサチューセッツ工科大学）だってそうでしょ。だから日本でもね、**東大とか京大とか世界的なレベルで勝負できる大学っていうのは、どんどん民営化すればいいんですよ。**なぜかというと、大学って生徒が払う授業料の他に、文科省からもらう交付金と助成金という補助金で運営されてるの。つまりね、文科省からお金をもらえばもらうほど……。

竹　文科省の言いなりにならなきゃいけない？

先　その通り。文科省の知性が東大や京大より高ければ問題ないですよ。でも、仮にも最高の知性が集まってるって自負してるのに、「実は文科省より低いんです」なんて、そんなバカな話ないでしょ（笑）。だから、いわゆる旧帝大といわれる国立大学の一部は、民営化して、授業料＋別の方法でお金を集めればいいんですよ。

竹　はぁ、それはどんな方法なんですか。

先　ふるさと納税の話をしましたよね（一一九ページ参照）。あれと同じで、**もっと大胆な寄付税制を取り入れればいい**んですよ。補助金は少なくすると。でも代わりに、大学に寄付金を納めた分だけ、寄付した人は税額控除で、その分減税される仕組みを大々的に採用すればいいの。

そもそも、あらゆる税金がお上を通らなきゃいけないってこと自体がおかしいんですよ。でもこうすればね、**熱心な研究や学生の教育をしている大学にはお金が入るし、サボってる大学にはお金がなかなか届きにくくなる**。そうすると、みんな一所懸命、研究や教育に力入れるでしょ。

地方分権の話と同じでさぁ、近ければ近いほど見張りやすいし、大学も文科省じゃなく、お金を払ってくれる人に目がいくわけだから。大学にとっても、学生にとってもこれがベストだよね。

竹　なるほど。でも、それができない理由は、これもやっぱり文科省の役人による体制維持が前提にあるからなんでしょうか。

先　もうホント、その通り。文科省は、お金が差配できるパワーを失いたくないの。パワーがなくなったら、言うこと聞いてくれないし、**天下り先も確保できなくなっちゃう**でしょう。

　前にね、テレビ番組の討論会を見ていたら、そこに地方の国立大学の学長さんがいたの。この人は、最後まで国立大学の民営化に反対してましたよ。

竹　よっぽど民営化が嫌いなんですね。

先　そう。っていうのも、**実はこの人、文科省の事務次官やってた人**なんだよね（笑）。

竹　ああ、腹に一物もってる人か。それじゃ、口が裂けても民営化なんて言えませんね（笑）。

先　言えるわけないよね（笑）。まぁ、こういう人もいるんだけどさ、そうじゃない人もちょっと問題ですよ。これは私、ヒナ鳥にたとえて話をするんですけど、**親鳥がエサを運んでくれるのを待って、ただ口を開けて「もっとくれ！」って言ってても何の解決にもならない**んですよ。何とかしたいなら、多少のリスクを覚悟してでも、行動しないとダメなんですよ。

竹　じゃあいっそ、国立大学はみんな民営化しちゃえばいい。

先　いや、それはちょっと言い過ぎ（笑）。民営化しなくてもいいんですよ、地方の国立大学は。だって、今みたいな大都市集中型の構造だったら、地方だと寄付金が集まらなくて、潰れちゃうでしょう。そうすると、お金のない学生は困っちゃいますよね。だから、そういう大学はまだ民営化しなくていいの。でも、少なくとも国立大学である必要ないでしょう。地方政府が管理する県立大学にしたほうが、地元に密着した研究ができるし、国立でやるよりもよっぽど納税者の監視が効いて、意見を反映できますよ。

竹　ああ、なるほど。アメリカでも、インディアナ州立大学とかニューヨーク州立大学とか、優秀な州立大学はたくさんありますものね。

先　そうそう、国立である必要なんて何もないの。だからこれは、**文科省にとってただ都合がいいだけの制度**なの。

竹　じゃあ、二〇〇三年に国立大学法人法が制定されたようですが、あれではダメだったということですか。

先　一歩前進ではあるんだけど、行政改革の一環で独立行政法人になっただけの話で、完全な民営化ではないから、結局うまくいかなかったの。文科省から補助金をもらっている以上、やっぱり口を出されちゃう。民営化して私大にならなきゃ、何も変わらないんですよ。

竹　なるほど。でも、民営化して私大になったとしても、補助金（助成金）は出るんですよね。

先　国立大学と比べれば少ないけれど、たしかに私学振興という形で補助金は出てるの。だから天下りとかを完全になくすんだったら、これをもらわないようにするしかないんだけど……実は一つうまい方法があるの。

つまりね、**この補助金を大学じゃなく、学生に奨学金として渡せばいいの。**

そうするとね、学生を通してお金が入るから、大学は学生のほうに自然と目が向くんですよ。**そうすれば、補助金を出すところも大学も、学生の言うことに耳を傾けるから、教育の向上につながりますよね。努力した大学には、奨学金に使われる補助金がたくさん集まる。**簡単でしょう。こういったことをね、私大だけじゃなく国立大でも採用すればいいんですよ。

竹　なるほど、なるほど。私も東大が母校ですが、民営化したところで、一向に構いません（笑）。

先　むしろ、そのほうが良くなると思うよ（笑）。まぁ、話を戻すとね、これから少子化が進んで大学の運営も厳しくなると。でも、増税だなんだって話よりも、まずお金の流れを変えるって方法もあるんだっていうことですよ。

竹　日本は他の先進国と比べて、給付奨学金（生活費まで出してくれて返済義務のない奨学金）が異常なほど少ないんですね。だから、勉強するには借金するしか手がない。優秀な学生でも貧乏だったら勉強が続けられない。このままじゃ、日本の将来の人材育成は危うい。だから、政治家を見ても学者を見ても、みんな二世、三世ばっかなんですよ。奨学金制度を拡充すれば、親の七光の二世、三世だけでなく、本当に優秀な人材がもっと世に出る道が開ける。

まず、東大から率先して民営化し、世界と対等に勝負してみろって言いたい。もちろん、寄付税制の普及と補助金の奨学金化が前提条件になりますけれど。でもまぁ、とりあえず、文科省から各大学への天下り学長さんに辞めてもらうのが先決なんでしょうけどね！

【バカヤロー経済学】

三時限目　選挙前に知っておこう！

●内閣と政府と官僚の関係って？

竹　日本の政治の基本って、**議院内閣制**ですよね。政治に直接関わる人たちのことを政府、与党、官僚なんて言いますが、それぞれ違いは何となくわかるんですけれど、現実問題としてその区別って何ですか？

先　議院内閣制は、議会のマジョリティーである与党が総裁を選んで、選ばれた総裁が総理になるの。で、その総理が大臣を選んで内閣を作ると、それが政府になりますよね。だから、**議院内閣制の下では、政府の首脳を与党が占めるから、政府＝与党の一体関係になる**んですよ。でね、官僚というのは、内閣の下部組織なんです。だから、官僚を指揮できる与党はパワーを持つ、というのがマックス・ウェーバーが**権力の闘争とは官吏任命権の争いである**っていう言葉の中で言っていることなの。でも彼は弊害も指摘していてね、**官僚っていうのは選挙に晒されないから、常に力を持っちゃう、**という問題があるんだよ。（図30参照）

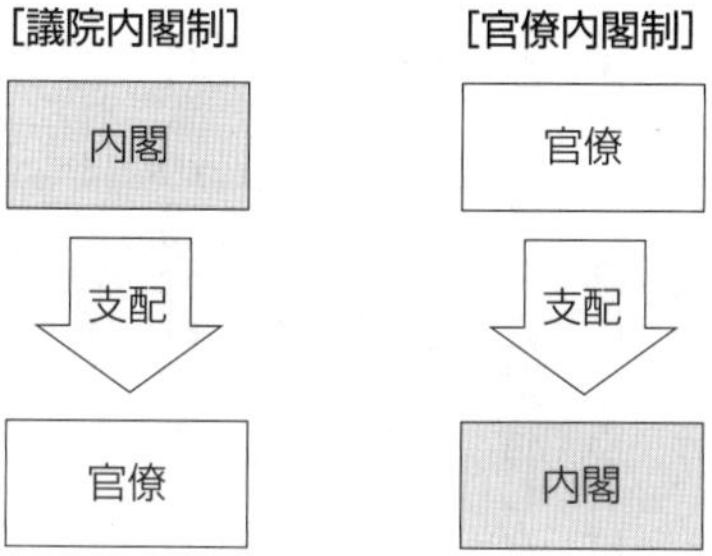

官僚には任期がないため力を持つようになった

図 30：議院内閣制と官僚内閣制

竹　官僚政治って問題になっていますもんね。

先　そう、これを**官僚内閣制**って呼んでるんだけど、官僚政治の弊害を打破する一つのやり方が、**政治主導**というものなんです。官僚が下で、上にいつも内閣があるんだよ、というのをわからせてあげるの（笑）。

竹　犬を飼っている人が犬を甘やかしているうちに、ナメられてしまって、犬が飼い主に噛みついたり吠えたりして、手に負えなくなることがありますが、それと同じですね（笑）。誰が「アルファ」（ボス）かを教えないと大変なことになっちゃう。

先　そうそう（笑）。もちろん人事任命権というものもあるんだけど、日本の場合だと、これを行使すると「政治介入だ」って抵抗されちゃうんだよ。これは、あんまり良くない話でね。内閣のほうはダメならペナルティで交代させられるけれど、官僚ってそういったペナルティーがないワケでしょ。これはマズイよね。

竹　日本の場合は、アメリカのような官僚の政治任用というものはないんですか？

先　ほとんどない。それは、歴史的な経緯があるんだけどね。**官僚の役割は、実は二つあるの。一つは、行政の事務を担当しているから、政府とは関係なく中立的にやらなくちゃいけないという点。しかしもう一方で、政府が変わったとき、それが民意なんだから、そこに遡行しなくてはいけない**、というのがあるんです。そうすると、これは矛盾した話になるわけですよ。それで、どこの国もそうなんだけど、いかにこの二つのバランスをとってやっていくかがポイントになるんです。でも日本の場合は、最初の中立性だけを重視してきたの（笑）。

竹　政府が変わっても我々は変わらない、みたいな感覚なんでしょうか？

先　そう。そういった**中立性を強烈にしたのが日本の官僚制の特色**ですよ。公務員改

アメリカ	高級管理職	約 1050 人
	上級管理職	約 650 人
	長官室のスタッフ等	約 1290 人
	計	約 3000 人
イギリス	特別顧問（首相官邸）	約 30 人
	特別顧問（各府省）	約 50 人
	計	約 80 人
フランス	高級職	約 600 人
	大臣キャビネのスタッフ	約 700 人
	計	約 1300 人
ドイツ	政治的官吏	約 400 人
	その他のポスト	約 200 人
	計	約 600 人

図 31：主要国の政治任用者数（出所：内閣府）

革に反対している谷公士（たにまさひと）さん（二〇〇六年～人事院総裁、俗称・ミスター渡り）がよくテレビに出てしゃべってるけど、いつも「公務員の中立性」ばかり強調してるでしょ。あれは、公務員のことに口出すな、というメッセージなんですよ。でも、どこの国も政府が代わったときには、そこそこ人も代わるわけよ。それが政治任用なんです。**（図31参照）**

竹　アメリカだと半分くらいは代わりますよね。

先　そうそう。アメリカだと二〇〇〇～三〇〇〇人は代わっちゃうんだよね。あれはちょっと代わり過ぎだけど（笑）。まぁ、フランスでも一〇〇〇人やそこら代わるのに、日本はゼロだから。これは、あまりにも違うだろうってね（笑）。

竹　ゼロですか。そうすると、政府が代わって、違う政策をやろうといっても……。

先　なんにも変わらないですよ。だから本当は、今いる役人はそのままに、政権とともに動く政治任用の役人を役所のトップに入れればいいんです。そうすると、政治のニーズをうまく組み入れられるんじゃないかと思うんですけどね。

●予算って誰が考えて誰が決めるの？

竹　予算や法案って、国会で可決される前に、新聞とかでいきなり発表されたりしますけど、これっていったい誰が決めているんですか？

先　実権というかイニシアティブっていうのはね、まず誰が最初にドラフトを書くか、ということなんですよ。

竹　ドラフト……素案、台本ってことですね。

先　だいたい大枠は、台本で決まるんですよ。で、**この台本を誰が書くか、という話なんだけど、以前は財務省の中の財政制度等審議会っていうのを隠れ蓑にしつつ、財務省が全部書いてたの**。財政審の建議というものがあって、財務大臣への答申で、その年の予算の大枠が決まっちゃってたの。でも竹中さんがやって来て、やっぱりこういう重要な話は、**経済財政諮問会議**という総理の下でやろうとなったんです。

これ、一年目はうまくできなかったの。でも二年目から「骨太」っていうネーミングがうけて、なんとなく、先に経済財政諮問会議で方針を決めるようになったわけ（笑）。それが二〇〇二年かな。そうすると、経済財政諮問会議が最初に書いたドラフトが重要になって、そこでいろんな話が動くようになってきたのが、二〇〇六年までのことですね。その後、小泉さんがいなくなっちゃって、誰が台本書くかって、フラフラしてたわけ。で、一時期、二〇〇六年の「骨太」の時は、自民党の政調会（政府税制調査会）が書いてたんです。ここで、五年間の**予算シーリング（見取り図）**を決めたんだけど、**今まで官僚が握っていた実権を政治家（与党）に移したんだから、これは画期的**だったの。でも、どうしてこうなったかというと、経済財政諮問会議のほうで、竹中さんがいなくなって機能不全になってたから、それを奇貨として政調会に持っていったわけね。それ以降は、誰がドラフト書いてるのかよくわからない状態。

竹　当時、政調会の会長だった中川秀直さんがいた清和会（清和政策研究会）が、その後も引き継いだんじゃないんですか？

先　うん、一時はそうなったんだけど……この前の総裁選（二〇〇八年）で、また全部やられちゃってね。自民党内にも権力抗争があって、やっぱり予算のドラフトを書くって重要なことだから、みんなここを握りたいんだよ。清和会はある程度までいってたんだけど、総裁選でほとんど冷や飯も食えないような状態になっちゃったの。

竹　じゃあ、今は誰が実権を？

先　つい最近までは本当は麻生さんを中心とした守旧派だったんだよね。清和会の森さんの後ろ盾もあったじゃない。でも、お友達の中川昭一さんが辞任に追い込まれ、中川昭一さんが座っていた財務大臣と金融担当大臣の席に、与謝野さんが座ったでしょ。これが問題なんだよね。

竹　与謝野さんは、今までの役職だった経済財政政策担当大臣の他に、財務大臣と金融担当大臣も兼務するようになりましたよね。一見、効率は良さそうですけど……。

先　たしかに、効率がいいの（笑）。この三つを**経済関連三閣僚**っていうんだけど、**経済や財政に直接関係する役職をほとんど、与謝野さんが担当**してるんだよ。それでね、与謝野さんは財政タカ派で、官僚よりの言動をとることで有名なの。これで、何が問題なのかわかりました？

竹　つまり、与謝野さんの庇護の下で、財務省が自由に台本を書いて、実権を握っちゃう可能性があるということですか？

先　そういうことになりますよね。

竹　あっ、ちょっと待ってください。ひょっとして中川昭一さんって財務省にハメられたんですか？

先　それは、謎（笑）。そういう噂は立ったけど、何の証拠もないから、わからない。ただね、財政出動（経済政策）をしたい麻生さんと財政再建（増税）をしたい与謝野さんって、一見、水と油なんだけど、**経済対策にこれだけお金使ったら、増税の大義名分もできる**でしょ。持ちつ持たれつの関係なの。結果的には、麻生さんが与謝野さんに飲み込まれた形にも見えるし、これでもう官僚の思うがままだよね。

竹　ははぁ。ラジオやテレビのニュース番組でも、誰が実権を握っているかといえば、やはり放送作家（ディレクターが兼務することもある）なんですよ。ボクなんか、たまに「なんで、しゃべっちゃいけねえんだ」って喧嘩しますけど（笑）。

先　へぇ、そうなの。

竹　そうなんです。だって、アナウンサーもキャスターもコメンテーターも、結局は放送作家の書く台本に沿って番組を進行させるわけだから。事前に「これはスポンサー的にNGワードです」って言われれば、いくらコメンテーターが言いたい意見でも封印しなくちゃいけない。政治も台本を握った奴の勝ちなんですね。（注：もちろん例外もある。大阪朝日放送の「ムーブ！」はいっさい発言の制約がなかった）

●衆議院と参議院、これって両方必要ですか？

竹　ねじれ国会のおかげで、今じゃ予算や法案の採決もままならない状態ですが、国

衆議院		参議院
480人 ・小選挙区300人 ・比例代表180人	議員定数	242人 ・選挙区146人 ・比例代表96人
4年 （ただし解散のときは、その時点で任期が終わる）	任期	6年 （3年ごとに半数改選）
小選挙区・全国を300区 比例代表・全国を11区	選挙区	選挙区・各都道府県単位47区 比例代表・全国を1区
あり	解散	なし

図32：衆議院と参議院

会の様子を見ていると、なんとなく参議院はいらないんじゃないか、って気がするんですが。**（図32参照）**

先　そういう意見もありますよね。お飾りじゃないかってね。まぁ、**良識の府っていって、見識を期待してはいるんだけど、今は見識があるとはあんまり思えない**でしょ。それで、解散もなくってさぁ、民意が反映できなくなってはいるよね。だから、衆議院で何回かやった人が参議院をやる、なんていう風にすると、すっごく差別化がはっきりするわけ。だって、重鎮の人だけでやると全然意見が違うでしょ。

竹　なるほど！　古代ローマの元老院って

やつですか。

先　そう、元老院。日本の場合は両院が同じようなことやっているわけで、それが問題なんだよね。一院制で衆議院だけあって、全部そこで決める、としちゃえば、それっきりなんですよ。たとえば、予算って衆議院で決めるでしょ。でも、予算関連法案は衆議院と参議院の両方で決めないといけないんだよ。変だよね。

竹　衆参で与野党が逆転しちゃうと、もう衆参の対決みたいですよね……。

先　そうそう。衆議院と参議院自体が政党化しちゃって、自民と民主で戦ってる状態なんだから、二院制にするインセンティブはないよね。権限上の欠陥なのかもしれないけれど、ちょっと参議院の力が強すぎるから意思決定ができなくなっちゃう。自民党が衆議院で三分の二の議席を持っていなかったら、永遠に法案もまとまらないんだもの。

竹　参議院を元老院にしちゃえばいいですね。政治の停滞を招いているだけなら、これは早急に何とかしないといけませんね。

先　何とかしないといけませんよ。**でも民主主義なんだから、何とかするのは国民**なんですよ（笑）。

●小泉時代　構造改革はなぜ起こったの？

竹　今度の選挙でなんとかする前に、ちょっとここで小泉政権から今までの流れを振り返ってみたいと思います。まずは、小泉改革ってなぜ起こったんでしょう。やはり当時は、改革せざるをえない状況だったんでしょうか？

先　小泉時代より前というのは、政府がいろんなことに関与していたんですよ。でも、**非効率な部分が多いから、民間でできることは民間に任せましょう、というのが小泉改革が重視した考え方**なんです。これは日本だけじゃなく、世界中で起こったことなんだけど、どちらに力点を置くかっていう議論は、経済学の中ではずーっと昔からあるわけ。完璧な社会なんてないから、いつもこうやって振れるんですよ。

つまりね、**市場原理を重視すると、不幸になった人から不満が出る。逆に、政府が関与し過ぎると、非効率が目立って不満が出ると**。こうやって、いつも行ったり来たりしてるんだよね。

竹　じゃあ今、小泉改革を悪く言う人もいますが、これは今が不況だから？

先　そう。**金融危機もあるけど、そもそもデフレになっていなければ、こんなことにはなっていなかった**と思いますよ。

政府が多く関与するという仕組みは戦後に始まったんですけど、戦後すぐは、どちらかというと不況ですよね。前にも言ったけど、こういう時は政府が多く関与しててていいんです。でも、だんだん弊害も目立ってくるわけ。そうすると、やっぱり逆のほうに向こうという動きが八〇年代から最近まで続いてきたの。アメリカやイギリスも同じで、日本は遅ればせながら、小泉さんの時代に起こったんですよ。

もちろん中曽根さんのときにも民活や民営化というのはあったんだけど、一番派手だったのが小泉さんだったんでしょうね。社会主義の人からすると、とんでもない考え方なんですけれど（笑）。でも日本は社会主義じゃないから、基本的には市場に委ねる考え方が中心なんですよ。

竹　政府が多く関与することの弊害というのは、「政・官・業の癒着」とか、そういうものですか。

先　政府に頼る人の立場から言うと「癒着」というよりも、「政・官・業で一緒にやる」ということでしょうね。でも、こういった体質には、やはりいろんなところから反発が出てくるんですよ。一番極端な考え方を持った人をリバタリアン（自由放任者）って言うんだけど、政府なんかいらない、っていう人がいるんですよね。そういう人達から見ると、政官業の癒着ってすっごく悪く見えるの。

でも、大きな政府を良しとする人たちからみれば、みんなで一緒にうまくやってるんだからいいじゃない、っていう言い方もできるんです。**癒着って、ものの見方の問題**でね。「この業者が政官と共同して仕事をやってるだけなんですよ」って言ったら、それっきりの話なんですよ。

竹　民間会社が下請けと「癒着」しているときは、副社長さん一人がリベートをもらったりしている。そういった腹に一物もった人がいない場合、民間会社は常に商品などの品質とコストを最大限効率よくしようと努力するから、下請けとの関係も「癒着」にはならない。

でも、どうしても政治家へのリベートや役人の企業への天下りなんかが多いから国民の目には「癒着」と映るんですよね。癒着しないで「協力」して国家事業を進めている場合も多いんでしょうけど。

●規制緩和ってグローバル化と関係があるんですか？

竹　小泉さんが進めた**規制緩和**というのは、経済のグローバル化と関係があったんですか。

先　そう。**新自由主義**ってよくいわれるけど、世界が規制緩和の方向に動いた時、それに合わせたほうが楽でしょ？　本当は、そういう話に過ぎないの。海外には規制がないのに、日本だけ規制だらけだったら、企業はみんな自由がきかないから、外に出て行っちゃうじゃないですか。

竹　受け入れざるをえない状況だったと……。

先　そうでなきゃ、鎖国しないといけなくなっちゃいますよね（笑）。

竹　それは固定相場制から変動相場制に移行したあたりから、重視せざるを得なくなってきたということですか。

先　これはもう理論の話だけど、資本移動が多くなってきて、自由な金融政策を採用すれば、固定相場から変動相場に切り替えざるをえませんよね（三〇ページ参照）。同じように、**グローバル化が進めば、規制を少なくして自由な資本移動を求める声が大きくなる**んです。これは、ある意味不可避的なことなんですよ。

竹　よく、金融界の規制緩和によって「貯蓄から投資へ」という考え方が広まったと言われますが、あれはなぜですか。

先　金融界の規制緩和をビッグバンと言うんだけど、日本の金融構想は、昔は銀行が中心だったんです。**それまでは、銀行には過剰な規制があったんですけど、それを金利自由化なんかで徐々に緩和していったの。**

　それじゃあ今度は、他の金融機関の規制も同じように外そうというのが、この規制緩和の目的だったんです。

竹　他の金融機関というのは？

先　保険と証券。でも、保険はあまり関係がなくて、大雑把に言うと、金融機関って銀行と証券なんですよ。そうすると金融機関は銀行中心じゃなくなるから、証券のほうも大きくなるんです。

政府は「貯蓄から投資へ」切り替えろなんて言ってないんだけど、比較的自由な市場になったから、こういう考え方になったんでしょうね。

竹　ボクなんかが子供だった頃は、銀行は広告をしちゃいけないとか、いろんな規制がありましたよね。どうして広告を出しちゃいけなかったんですか？

先　それは競争するからなんですよ。だから昔は、狭い地域の中に銀行が二つあったら、どちらかが潰れちゃうかもしれない。だから広告さえも規制していたんでしょうね。だけど今は、ある程度は出店しなさいと。ただし、たくさん店舗があったら潰れちゃうこともあるんだから、そこは自分で判断しなさい、という世界になってきたの。**要は、競争を是認するかしないか、というだけの話**なんですよ。

経済学者は、「長い目で見れば競争をしたほうが消費者の利益になるでしょう」という考え方。でも、「過当競争して潰れてしまったら預金者が被害を受ける」というリスクもありますよね。それだけのことなんですよ。今みたいに金融恐慌のようなことが起こると「規制がないといけない」「自由はダメだ」という動きになっちゃってるけど、資本主義の基本は市場経済ですから。規制強化の方向に振れていくこともあるだろうけど、やはり自由な方向は不可避でしょうね。

竹　そういえば、金融業界の規制緩和で「空売り」の弊害が盛んに言われましたが、遂には規制することになりましたよね。

先　**空売りって、株価が下がると儲かる、って仕組みなんだけど、将来の需要と今の需要を結びつけるという話だから、本当はそんなに悪い事じゃない**んですよ。ただ、価格操作ができちゃうから、空売り規制ができたんです。でも、こういう考え方で言えば、本当は先物取引なんかも全部アウトになっちゃうんですよ。少ない資産をレバレッジ（てこの原理）をきかせて、大きな取引をするっていうのは、別に普段だったらなんてことのない話なの。

　でも、去年（二〇〇八年）の秋みたいに株価が下落しちゃうと「あの人が下げてるんじゃないか」って、みんなナーバスになるじゃないですか。だから、その取引自体を根本から否定しちゃうような規制が導入されるわけ。

竹　つまり、フェアじゃないから規制するんだけれど、ちょっとやり過ぎちゃったんじゃないかと。

先　そうそう。でも一ついい方法があるんです。空売りやいろいろな金融技術を駆使して、それを証券化して商売をする人って、**オーバー・ザ・カウンター**といって、カウンターを通さずに取引所の外でいろんなことやろうとするわけ。だったら、ある取引所を作るから、そういう取引は全部、正々堂々とそこでやれ、という規制の方法もあるんですよ。これだと、しっかり監視ができるでしょう。

ただ単に空売りや金融技術そのものを制限するよりはまともですよね。金融危機になっちゃうと、こういうまともな考えすら頭から遠のいちゃうんですよ。

竹　すごく神経質になって、何でもかんでも規制したくなったり疑心暗鬼になったりする？

先　みんなが心配になるからね。だからいっそのこと「全部規制しましょう」というやり方でもいいんですよ。そうすれば、みんな不都合だから、二、三年するとやっぱりイヤだなと（笑）。その時に「じゃあ、やりたければ取引所でやりましょう」という話ができる。これが一番シンプルですよね。だって、こんなときにまじめなこと言ったって、聞かないでしょ、みんな。

竹　あえて、極端な政策を取ると。でも、その反動は必ずあると。

先　そうそう。どんなことにも、メリットもあればデメリットもある。これって普通のことなんですけどね。

竹　なるほど、なるほど。非常にスッキリしました。特に「裏から表へ」という奥の手は気に入りました（笑）。ルール外の取引を規制するんじゃなくて、ルールを広げて「裏取引は全部、表にする」と宣言して正式な取引所を作ってしまえばいい。うーん、実に合理的ですね。

　ボクはいつも不法滞在者の取り締まりを見ていて思うんですが、あんなに警察と入国管理局の労力と税金を使って取り締まっても、何十万人もいる不法滞在者は、なかなか減らない。いっそのこと、ルールを変えてしまって、「今後三ヶ月の間に自己申告して入管に登録した不法滞在者は、原則として、在留許可を与えます」とすれば、重罪犯などを除いて、みんな表に出てきますよ。
アメリカなんかは平気でそういう「裏」を「表」にしてしまうというウルトラCを使いますよね。

●産業の保護はいいこと？　悪いこと？

竹　去年（二〇〇八年）ガソリン代が一時高騰したとき、漁業や運送業は支援をしてくれという声を上げましたよね。でも、結構賛否両論があって……競争力がない産業を保護するという政策は、あまり良くないことなんですか？

先　まずね、保護っていうのは、つまり規制するということなんです。たしかに、**将来性のある産業は国際的な競争力がつくまで政府が保護する**、という**幼稚産業論**って考え方はあります。でね、やっぱりこれも政府が全知全能であることが前提になるから、うまくいかないことが多いんですよ。

竹　でも、日本は食料自給率も低いですし、農業なんかは保護してもいいんじゃないんですか？

先　農業についてはね、あんまり保護しすぎると出る芽も失われちゃうんです。最近、日本の農作物って中国で人気みたいだけど、今までは農作物って、ほとんど輸出されてなかったでしょう。こういうのは、実はまずいと思うわけ。

　食料自給率が低いのだって、保護してるだけじゃいつまでたっても改善されない。だから、国はあまり関与しないで自由に任せれば、民間が工夫するんです。今みたいに不景気になったとしてもね、高いけれども質はいいっていう物なら、お金を持っている人は買うんですよ。

竹　たしかに、中国製ギョーザ事件の後は、みんな日本の食品を買うようになりましたね。ちなみに、**減反政策**も保護政策の一つなんですか？

先　そう！　減反しないとコメの値段が下がるでしょ、って論理なんだけど、逆に言えばね、自由作なんかしてたら、あんたたちメチャメチャにするでしょ、と言ってるのと同じなの。で、こうは言ってるけど政府が失敗しちゃってるでしょ（笑）。**減反政策して輸入米も必要になっちゃったから、無理に汚染米入れちゃう**なんて、わけのわからない話になっちゃった。

だから、あんなのやめちゃってさぁ、たとえば**最低所得保障**をしたほうが平等なんですよ。最低所得保障をするから、後は自由にやってくださいってね。**規制すれば必ずしもいい結果が生まれるとは限らない**んです。

●格差問題って、小泉さんのせいですか?

竹　規制したからといって必ずしもいい結果が生まれるわけではないと。これは、わかりました。でも、市場原理を重視したことによって、格差社会が生まれたとよく言われますよね。

先　**共産主義でない以上、多かれ少なかれ貧富の差は生まれます**。でも、それが**小泉改革で生まれたというのは嘘**ですよ。格差が広がっている理由にはいろんな要因が絡んでるんですが、一番大きな理由は、**高齢化**でしょうね。お年寄りはお金を稼げないから、財産がなければ格差が出ちゃう。これはもう仕方ないですよ。それで若年

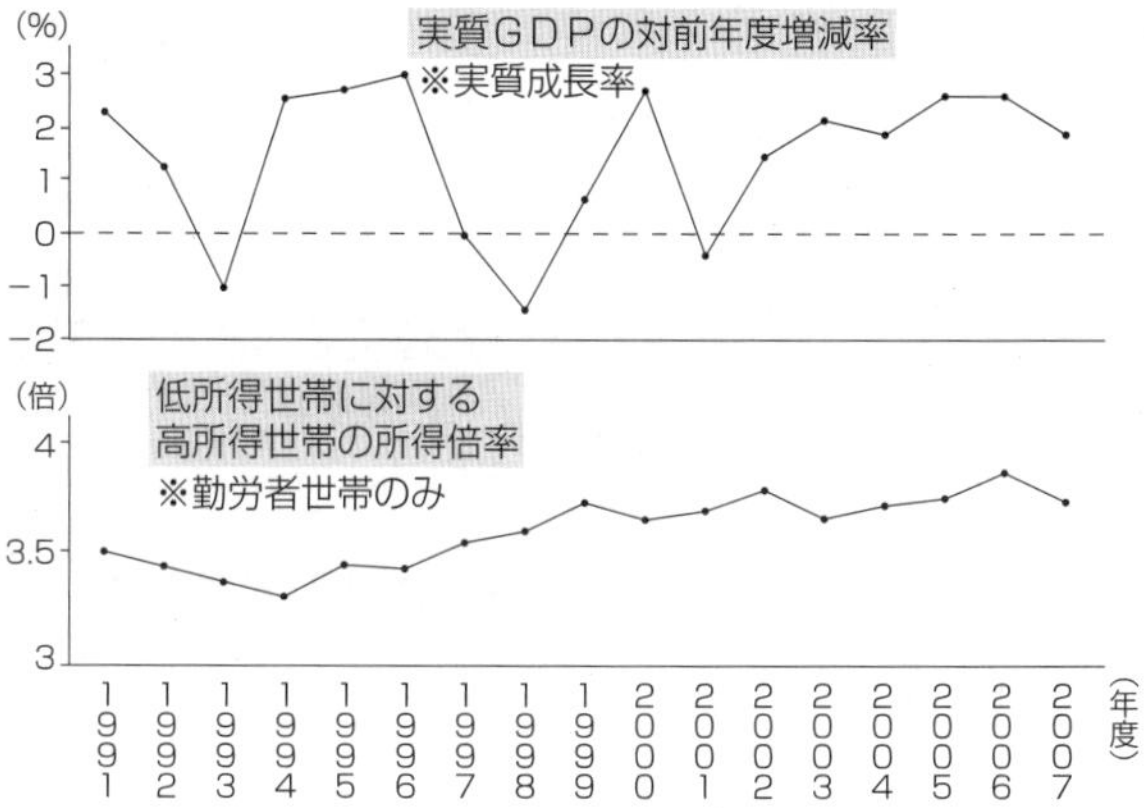

図 33：経済成長率と格差の推移（出所：内閣府・総務省）

層の格差が広がっているのは、ほとんど**景気**で説明がついちゃう。知らない人も多いと思うんですが、**小泉改革の前から格差はずーっと広がってる**んです。一九九〇年代と二〇〇〇年代の格差の広がりって、ほとんど同じ。**（図33参照）**

竹　でも小泉時代の途中から、景気は良くなったんじゃないんですか？

先　景気ってね、経済成長率に関係してて、具体的には名目成長率と呼ばれる実質成長率＋インフレ率（四一ページ参照）で測るんです。実質成長率はたしかに伸びてたの。でも、名目成長率が上がっていなかったんですよ。これは完全に金融政策の失敗。も

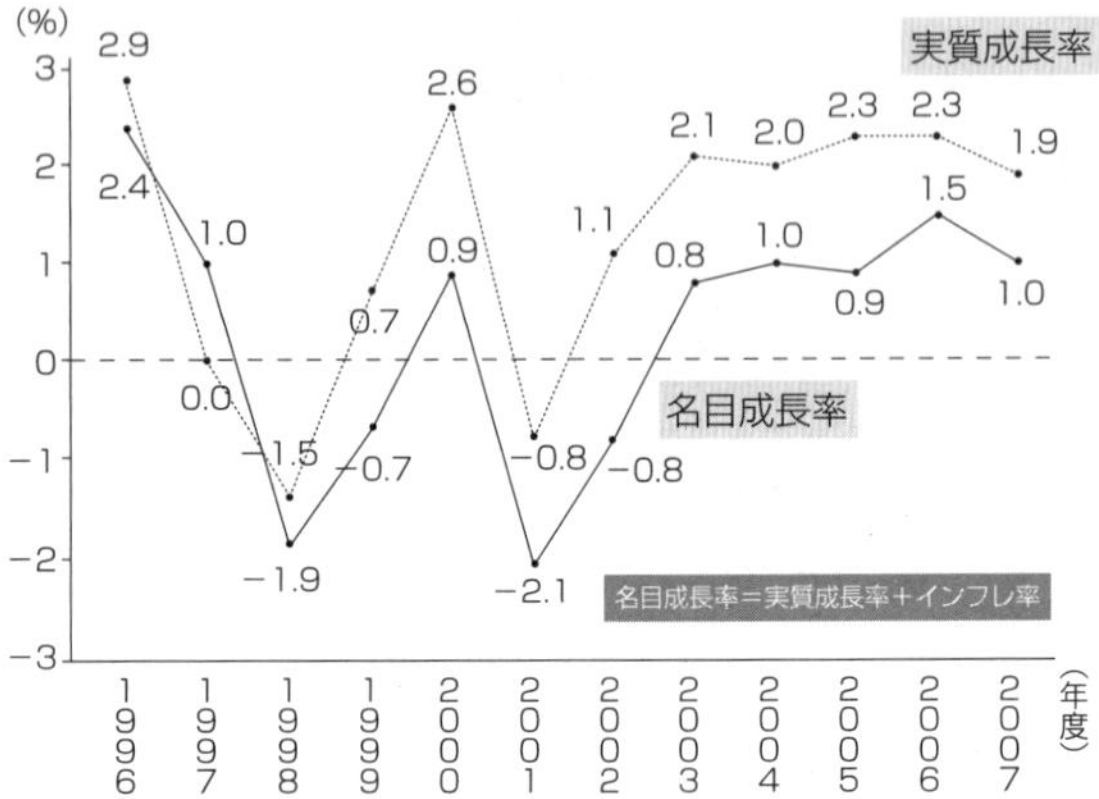

図 34：名目成長率と実質成長率（出所：内閣府）

う一〇年ぐらいデフレでしょ。こうなると名目成長率が伸びないから、景気は上向かないんです。だから、非正規雇用が増えるんですよね。それで、若年層の格差は説明ができちゃう。**（図34参照）**

竹　非正規雇用が増えた理由は、小泉時代に派遣労働者の適用範囲が拡大されたことが原因ではないんですか。

先　一部はそうだとしても、あれでは全体を説明できないでしょうね。

竹　テレビが取り上げたからですかね。

先　そうですね。全体的に景気が悪くなってきたこともあって、「格差問題」という言葉が一人歩きしたところもありますね。

竹　去年（二〇〇八年）の年末から年明けにかけて、派遣村が話題になっていましたが、雇用の話は、これからもっと深刻になってくるのでしょうね。

先　派遣社員だけでなく、正社員にも雇用の影響は及んでくるでしょう。でも、雇用というのは、根本は再分配の話なんだけど、**その場しのぎの雇用対策というのは、やっぱり意味がない**んですよ。これだけ経済のパイが小さくなっちゃったら、分配もできないでしょう。**再分配自体は否定しないけれど、同時に考えるべきは、経済のパイを大きくすること**なんじゃないかって思うんですよ。だって、こんなに小さくなったパイをどうやって分けるか議論したって、本当は何の解決にもならないじゃない。

●小泉改革以後　安倍さんへの期待って……

竹　ボクの高校時代の同級生が経済産業省にいましてね、その彼と安倍内閣ができる前に飲んだときには「次は安倍さんだ！」と熱く語って『美しい国へ』（安倍晋三著　文春新書　二〇〇六年）をボクらに見せながら嬉しそうにしてたんですよ。ところが、安倍内閣ができた直後ぐらいには急変して「安倍さんダメだ！」って言うわけです（笑）。何が彼をこんな風に変えたんでしょうか。何か心当たりがありますか？

先 ああ。『美しい国へ』ってのは、タカ派的なことが書いてあって、欧米に追随するんじゃなくて、独自の国家観が実は書かれているんだよね。だからこれで自分たちの出番が増えるだろう、っていうイメージがなんとなくあったんだと思うのね。小泉さんの時は官僚バッシングがあって大変だったけど、ようやく俺たちの出番か、って。**でも、安倍さんが総理になって何をやったかというと、霞が関をぶっ壊せ的なことをしちゃったんだよね**（笑）。

竹 就任直後に官僚と対立するような政策をとったと。

先 そうそう（笑）。一番最初にやったのが、財務省・総務省の**税制調査会**に切り込んだこと。税制調査会ってこれはもう、官僚の隠れ蓑。**学者と呼ばれる人たちにお願いして、官僚が動きやすい報告を出すための審議会**だったの。

竹 いわゆる**御用学者の会**ですか？

先 まさしくそう（笑）。安倍さんは最初「成長路線だ」と言ってたの。それで、財務省も含めて、官僚はみんな「ふんふん」って聞いていたんだけど、成長路線を具体的に進める時に、税制調査会の会長をひっくり返しちゃったの。財務省にとっては、これはとんでもない話でね。**政府の税制調査会といっても、実はこれ、財務省の税制調査会**だから（笑）。それまでの税制調査会の会長は、一橋大学で学長をやってた石(いし)弘光(ひろみつ)さんっていう人だったの。もうコッテコテの御用学者で、財務省の意向に従う人って、有名だったんだよ。

竹　あ、サラリーマン増税の？

先　会社員の所得控除を廃止するとか言っちゃった人ね。

竹　あの人、御用学者だったんですかぁ。たしか、笑いながら会見しちゃって、バッシングされた……。あっ、あと増税とか言っておきながら、かなりの資産を持ってて、週刊誌に叩かれてましたよね（笑）。

先　そうそう。だから、はっきり言って世間からズレてるよね。ズレているんだけど、財務省にとっては、増税路線を言ってくれるからスゴくありがたいワケ。だけど、財務省の思惑通りには、いかなかったの。「本間正明さんがいい」って話が浮上したんですよ。この人は、増税路線じゃないんだよね。それで、ひっくり返った。

これはもう、財務省始まって以来のことでね。財務省はびっくりしたよ！　普通はこの手の話が財務省の事務局から来ると政府は「はい、わかりました」で終わりなんだよ。それをひっくり返したんだから、やっぱり驚くよね（笑）。いくら財務省でも、総理がそうしたいと言えば、言う通りにするしかないからね。それでね、本間さんが会長になった後、予算の原案、ドラフトを作成する事務局を財務省から全部移し替えちゃったの。だから、もう大変！

竹　ああ、例の台本を奪い取ったワケですね。だとすると、その後に起きた本間さんのスキャンダルって……。

先　よくわかるでしょ？

竹　うーん、情報が故意にリークされたのですか？

先　としか考えられないでしょう。マスコミだって、財務省はありとあらゆる手を使って本間さんを失脚させた、って言ってたもん。

竹　ナルホド、利権を奪われた官僚が反撃に出たんだ。

先　そう、強烈な反撃が来た！　いろんな反撃が来たんだけど、モロにヒットしたのが、例のスキャンダルね。

竹　公務員宿舎に、愛人と同居してたってやつですね。

先　そう。で、ちょっとここで経緯を言うと、愛人と言われている人は存在するんです。それで、たしかに正式な奥さんとは違っていたんだよね、これは事実なのよ。大阪から東京に来るときも、そういう人がいるからっていうことで、同居人として届け出を出している。でも、**同居人としてそういう申請を出してるということを知っているのは、実は財務省しかいないんですよ。**

竹　財務省がリークしたとしか考えられないわけですね。

先　そう。それでいろんな情報誌にバラまいたら、週刊ポストにひっかかったらしいね。要するに、**「俺たちの言う通りにしないと、こういうことになるぞ」っていう見せしめ**だよね。まぁ、真相は藪の中だけど……。

竹　参ったな……。マスコミって、国民の利益にかなうような行動をとっているのかと思ったら、役人の「クーデター計画」にいいように利用されてたりするんですね。

先　そりゃそうだよ、マスコミっていうのは、何が面白いかだから（笑）。

竹　利用されて、「スクープだ！」って食いついて、財務省の政策の片棒をかついじゃったんだ。社会正義とは関係ないんですね。

先　全然関係ない！　で、その愛人っていうか同伴者の方の年齢なんだけど、当時五五歳だよ！　みんなが想像するような愛人じゃないでしょ。

竹　たしかに週刊誌に「愛人」って大きくでると、ものスゴく若いというイメージがありますもんね。なんだ、普通のおばさんですかぁ。ちょっぴり残念だなぁ（笑）。

じゃあ、ボクの友達の態度が豹変したのは、経済産業省に対してというよりも官僚全体に対する安倍さんの姿勢からなんですね。

先　うん、それも一つの理由なんだと思うけど、もう一つはね、同じ頃、補正予算の話があって、実はスゴい税収が上がったわけ。それで、補正予算を作ろうと。で、その時、経済産業省の事務次官と財務省の事務次官が結託して、「税収がこんなに上がるんなら、大型補正予算案を作ってどんどん使っちゃえ」って思ってたの。小泉政権では、経済産業省も財務省もパワーを奪われてたからお金をバラまけなかったけど、

「よし、今度こそ出番だ！」って浮き足立ってたんだよね。

特に経済産業省の場合は、**積み上げ**っていってね、いろんな業界に話を聞いて、「補正予算でどんどん積み上げてあげますよ」って盛り上がってたんだよ。でも、安倍さんの知らないところで進んでたんだから、実はひでぇ話なの。そんなワケで、安倍さんは結局、補正をとりやめたの。それで経済産業省の多くの人は、骨折り損で終わったんだよね。ムダになっちゃった（笑）。

竹　さぁ始めようって時に、ダメですよと。

先　そう。小泉さんの時はダメだとわかっていたからやらなかったけど、安倍さんになって時代が変わったと思って、できると。それで、実は財務省も経済産業省もＧＯサイン出してたのよ。みんな、そう思い込んでるの。だから、**業界と話をする時も「まぁ、期待に応えられますよ」ぐらいのことを言っちゃってる**の。でも、ふたを開けてみたら、何にもない（笑）。

これはねぇ、普通に働いている人から見れば腹が立つ。でも、そんな指示出てないんだから、勝手に動いただけなんだよ。そういう事件があったの。

竹　う～ん、勇み足ってやつですかぁ。だいたい、指揮系統が違いますよね。総理大臣が一番指揮権を持っているはずなのに。

先　みんな勝手に動くわけ。普通の組織にいる人から見たら考えられないことなんだけど、これが**官僚主導**っていうやつなんだよね。**勝手に動いても、上にいる人は載っかっているだけで反対しないだろうと思ってる**んだよ。

竹　話をうかがっていると、どう考えても安倍さんは国民目線ですよね。なのにどうして、安倍政権は発足当時の人気が維持できなかったんですか？

先　一つはねぇ、選挙の前に復党組という、郵政に反対した人を入れちゃったんですよね。あれはちょっと早かった。安倍さんが郵政反対組を入れたいのは、みんなわかってたの。でも、選挙が終わってからのほうが良かった。ちょっと朝令暮改の印象を与えたよね。

竹　テレビのニュース映像では復党組に「お帰りなさい」って言ってるシーンがくりかえし流れていましたが。

先　言ってた、言ってた。追い出した人に、あれはないだろうって。だから「お帰りなさい」っていうのは、国民の感覚とは少しズレてたんでしょうね。
あともう一つ、官僚を叩いてきたから、本間さんのスキャンダル以外にもたくさん官僚にリークされちゃったの。一番ヒドかったのが、年金ね。あれは完全に逆噴射。安倍さん側は「年金機構を潰してみんな解雇するぞ！」って宣言したわけですよ。そしたら逆に社会保険庁側から、だったらこんなヒドい話があるぞって、年金記録問題のことをいろんなルートから表沙汰にされちゃったの。

竹　それは安倍さんを追い込もうっていう……。

先　本当かどうかは知りませんけど、自爆テロと言われてますね（笑）。

竹　たしかに自爆でしたね。結果的には厚生労働省、大変なことになっちゃいましたもんね。

先　なんかもう、悪循環だけどね。でも、どうせ出るんだったら、こういう時に出たほうがいいですよ。隠してても、いずれバレますからね。ちなみに**あれは全部、一〇年くらい前の話だから、本当は安倍さんの責任じゃないい**んですよ。昔の話だから、安倍さんにいくら言ってもしょうがないんだよ。いいかげんなことをしたのは事実だけど、それが安倍さんの時に出されてしまったのが、不運というか気の毒でしたよね。

竹　体調を崩しちゃったから仕方がないですが、安倍さんが、もう少し長期的にやってくれていたら、変わっていたかもしれない？

先　長期的にといっても、選挙に負けちゃったらダメなんだよね。政治家だから、選挙に勝たないと話にならない。その後の参院選で大敗したのは、もう民意が離れたって証拠。安倍さんは公務員制度改革を進めようとしてたんだけど、郵政の時とは逆に、公務員制度では逆襲されたってことだよね。

竹　小泉さんの時は民意を問うて郵政民営化を進められたけど、安倍さんは選挙に負けたから、公務員制度改革は進められなかったと。

先　そう。やっぱり、すべて選挙なんだよね。それが政治家の定めなの。

竹　まあ、民間でも、いくら丹精込めて商品をつくっても、売れなかったら会社は潰れます。作家だって三年かけて大作を書いても、読者からそっぽを向かれたらおしまい。政治家も同じですね。

でも、官僚がクーデターまがいの行動に出て、情報をどんどん漏洩（ろうえい）しまくって、総理の首をすげ替えちゃうっていうのは、なんだか日本も亡国のパターンに陥っている気がしますねぇ。ローマ帝国とか中国の歴代王朝の末期みたいな感じがしますよ（ため息）。

●小泉改革以後　福田さんも突然辞めましたが……

竹　ところで、福田さんも安倍さんと同じように突然辞めたような印象があるんですが、「あなたとは違うんです」という言葉もあったことを考えると……福田さんなりの考えがあって辞めたんですかね。

先　サミットも終わったし、有終の美のようなタイミングでやめたんでしょう。つまりね、**政党の目標って、総選挙に勝つこと**なの。総選挙に勝つという目標から見れば、いいタイミングだったんですよ。要するに、あのまま総選挙になったら、勝つ確率は非常に少ないの。

竹　支持率が落ちていて、そこで選挙をやってもダメだと。自分が辞めて総裁選をやれば、世間の注目も浴びるし。政策論争もできるし……。

先　そう、国民も聞くでしょう。政策論争すると何が一番いいかというと、実はマーケティングリサーチができるんですよ。それで総裁になった人が一番いいんだけど、民意のベストの組み合わせを維持させて、選挙に臨めるの。

竹　イメージとして、正面からぶつかるんじゃなくて奇襲をかけちゃうみたいな（笑）。民主党はそれを予期していなかったから、大騒ぎしちゃったんですね。

先　そうそう、慌ててたね。小沢さんもムキになっちゃって、（出馬先の）国替えの話も先に出しちゃってたじゃない。ああいうのは、本当はもう少し後に言うんですよ。

竹　なるほど小沢さんも切り札を出さなくてはいけなくなってしまった。ということは、福田さんはある意味、老獪（ろうかい）な戦術に出たと。

先　最初で最後ですよ（笑）。**一番いいタイミングでやめたから、自民党必敗のシナリオを五分五分までに戻した**、という貢献はしたんです。

竹　たしかにそうですよね。何を言われようともあれだけ頑張ってやってきたんですから、突然「はい、やーめた」なんていうわけがない。マスコミは、突然とか、放り出した、なんて言っていましたが、福田さんなりに、ちゃんと戦略や目的があっての辞任だったと……。

先　だから、本当に自分を客観的に見ていたんだと思いますよ。

竹　でも、マスコミも含めて、国民にはなかなかその真意はわからないでしょうね。

先　それはわからないでしょう。結果だけで判断するし、少なくとも国民からすれば、自民党が総選挙に勝つことを目標にしていることは、理解できないと思いますから。

竹　普通は、総理の目標って、国全体をよくするとか、そういうイメージで見てますもんね。

先　そうそう。総理の目標はたしかに国を良くすることなんだけど、総理の身分の半分は自民党総裁だから。その姿が出たんですよ。**自民党の総裁・福田としての仕事は全うしたけど、総理としての仕事のほうは、途中で「自分がいてもいなくても関係ないや」って思ったんじゃないの**（笑）。

竹　なるほど。マスコミや国民は、あくまでも総理の顔ばかり見ていたから、なんで辞めたのか理解できずに、無責任だと考えてたけど、福田さんとしては、（総理ではなく）総裁として責任をまっとうした！　こうやって政治家の心理を読むと本当にもやもやが消えて、スッキリします。

先　総理に対するイメージの違いなんですよね。国民は、行政の長たる総理って見てるから「勝手に休まないでくれ」とか「ずっと仕事してくれ」とか、こういうふうに見てるんだと思うんですね。でも**国の仕組みからすると、政党が与党にならないと行政を動かせないわけで、政党の総裁としての仕事も考えなくてはいけないんです。**

竹　たしかに日本人って、政治家も公務員なんだからズーッといて仕事を続けているというイメージを持ってますけれど、本当はそうじゃないんですよね。

先　そう。行政を担当するトップの人は、やっぱり民意で動くわけですよ。だから民主制といわれるわけです。**アメリカみたいに、四年は絶対動かないっていうやり方もあるんだけど、日本は四年の中でいつ動くかわからないってパターンなわけ。それなら、唐突にやめるのは当たり前**なんだよね、はっきり言えば。

竹　そうですね、任期が決まってるわけじゃないですからね。だから、マスコミの反応もズレるんですね。

先　マスコミって「辞めろ辞めろ」ってすぐ言うくせに、辞めたら「唐突だ」って言うでしょう。これは完全に矛盾があるよね。福田さんにしてみれば、自分がやってても良くないと思ったからやめたのに、それを「無責任だ」って言うほうがおかしい。だって、期待されてないのにやるほうが無責任になっちゃうよね。

竹　そう言われてみると、逆に、マスコミのほうが無責任な気さえしますね。

先　そう。マスコミっていうのは、自分たちが知らないっていうのが一番辛いわけ。つまり**「俺の知らないうちに辞めやがって」っていうのが、あれだけバッシングした一番の理由**だろうね。

竹　うーん、福田さんの心理の次はマスコミのバッシングの背後にある心理！　相当、ショックだったんですね。

先　その情報を誰も察知できなかったというのは、ある意味「マスコミは無能」っていうことですよね。それを打ち消すために「無責任だ」と言って騒いだんですよ。

竹　政治も報道も、かかわっている人たちの心理合戦なんだ。自分たちの利益を追求していて、それがハズれると大騒ぎをしちゃう。

先　なんだかんだ言っても、人間の行動ってかなり合理的なんですよ。目標を達成するために手段を選んでいるだけですから。

竹　福田さんも「キミたち、僕が辞めるってわからなかったの？」って切り返せば面白かったですよね（笑）。

先　面白いんだけど、それを言っちゃうと、ホントの泥仕合になっちゃうかもしれない。

竹　あっ、そうですね（笑）。ボクは個人的には、官房長官時代の飄々とした受け答えの福田さんが好きだったんですが、さすがに総理になったら、同じ感じの受け答えは通用しませんでしたね。できれば、総理大臣はやらないでほしかったな。

●記者クラブは官僚の宣伝マン？

竹　福田さんの辞任劇のように全く察知できない情報もあるんでしょうが、通常、マスコミはどうやってネタを入手するんでしょうか。

先　あらゆるマスコミの情報がそうじゃないけれど、主なネタは**記者クラブ**から入手するんだよね。記者クラブに入っていないと、取材したり、記者会見に参加することはできないの。

竹　ということは、利益に反することを書く人には情報が回ってこないということですか?

先　首相官邸の記者クラブだったら、ある政治家に嫌われても、その記者と同じ考えの人から情報は回ってくるからオーケーだよね。**でも、役所の記者クラブはそうはいかないですよ。彼らは同じ公務員でも任期がないし、意志の統一ができてます**から。そうすると、やっぱり懇親が重要でね、利益に反することを書く人なんて最初からいないんです。

竹　これは外国でも同じですか?

先　それはないですよ。どうも記者クラブがあるのは、日本と韓国だけみたい（笑）。だって、普通は記者会見する時に、人を制限するなんてありえないでしょ。でも逆に言うと、マスコミはそれで商売ができるんですよ。記者クラブに入っている人は、みんな日刊紙だからね。だから日刊紙の情報は、みんな大本営発表なの。

竹　すると、中国は完全にマスコミを統制していますが、実は日本の場合も……。

先　マスコミは日刊紙が全てじゃないけれど、記者クラブ制で世論操作をすることも、ある程度は可能ですよね。でも**記者クラブ制以外でも、実は世論操作はされているん**ですよ。財務省は軍隊みたいなものだから特にスゴいんだけど、**マスコミと知識人のリストがあってね、「この先生はこういう考えの人」って、メモがしてある**の（笑）。だから、テレビなんかにその先生が出るっていうと、一所懸命説明して、財務省のいいように言ってもらうの。先生方にしてみても、それで資料もらえるから、この手の仕事って数をこなせるでしょう。だから知識人の中でも、こういう官僚の御用聞きに依存している人って結構多いんですよ。

竹　（ドキッ）。たしかにボクも、テレビのコメンテーターをやる時に、共演者の中にものスゴく内部事情に詳しいコメンテーターがいて驚かされます。この人、どこからこんな内部情報を仕入れてくるんだろうって、不思議に思ってました。

先　うん。そういう人って、全部役所に聞いてるんですよ。でも、聞いてるってことは、聞いた人に不利益になることは言わないの。だから、役所はそういう情報操作を平気でするんです。マスコミの人はみんな否定するけど、ないわけないんですよ（笑）。

竹　ということは、専門対策部署があるんですか？

先　本来は広報室なんだけれど、こういった情報操作は広報室じゃなく、自ずとそれに対応する人が決まってる、という感じ。結構スゴいですよ、役所の情報操作は。

●御用学者になる方法？

竹　ボクは専門が科学の分野なので、あんまり霞が関辺りからお声がかかったりはしないんですが……。

先　そうなんだ。でも、社会科学のことなんか一度コメントしたら、次はリストに載るでしょうね。「次はあの先生にしよう」って、ターゲットになるんですよ。それで「ご説明に上がりたい」っていう話になるんですけど、スゴい丁寧ですよ。でも、よくよく聞いてみると「意見が違ってるから直せ」というようなことを言ってるの（笑）。

竹　ボクは、物理学が専門ということもあって、原子力容認派なんです。エネルギー政策的に原子力発電は欠かせないと思うので、よくコラムや雑誌にそういったことを書くんですよ。そうしたら最近、経済産業省から新聞広告に出てくれないかっていう話が来たんです。それが、また結構いいお値段なんですよね（笑）。

先　あっ、それはよくある手。先生が役人にとって、都合のいい意見の持ち主だから大事に扱おうっていうことですよ。場合によっては委託研究とか、いろんなおいしい話が来るんですけどね。

竹　でも、同級生が役所に大勢いるから、ピンと来ました。御用サイエンスライターにされそうだったので断りましたが、金額的に大きかったので、思わずなびきそうになりましたね。

先　**それも、実は血税でやる**んですよ。新聞広告とか、イベントがあるからそれに参加してくれとか言ってくるんだけど、たしかにいいお値段なの。それで審議会の委員になると、それっきりの話じゃなくて、次のお仕事につながっていくんです（笑）。

竹　そうなんですか。こういったお金は、役所の予算から出る？

先　もちろん多くは、天下り機関の外郭団体にある広告費や広報費といったものから出すんです。でも、エネルギー関係だとエネルギー特会という特別会計があって、ここに結構お金があってね。でも、使わないと予算が減っちゃうから、使うわけ。

竹　そういえば、広告雑誌とかありますね。

先　たくさん作ってるでしょ。こういうのに、お金が消えているんですよ。だから、**こんなものに使わないで、国民に返せ**って言いたいよね。

竹　御用学者とそうじゃない独立した学者の意見が国民にきちんとわかるといいんですが、実際には、わかりづらいですよね。

先　ホントわからない。それぐらいよく手を打ってあるんですよ。でも、有名大学の場合は、ほぼ御用学者ですよ。まず、大学の格から押さえていきますから。それと、ジャーナリストより学者のほうが多いでしょうね。どうしてかというと、**学者相手だと、謝礼にあたるお金を研究費として落とせるからですよ。役所から直接出すわけじゃないけれど、外郭団体からいくらでも出していてね、もう、その額たるやスゴいん**ですよ。

竹　そうすると、テレビなどで一見どこにも寄っていないコメントをしている人がいたとしても、実際は御用学者でロボットみたいに役所の立場を代弁していることも多いと。かなり、怖いですねぇ。

先　見極めるのは非常に難しいですけど。でも**審議会のメンバーになった人は、まず間違いなく御用学者。九〇％はそう**ですよ（笑）。

竹　それは面白い見方ですね。つまり、審議会に入ってる人は、基本的に御用学者だって考えていいというのは。

先　だって、役所の意向に反したことを言ったら、次からお声がかかりませんからね（笑）。

竹　たとえばボクに審議会から声がかかったときは、独立性を重視して、行かないほうがいいんでしょうか。

先　**審議会に来いっていうのは、お誘いですから、間違いなく**。でも、絶対に意見が違うんだけど、暴れ馬としてわざと入れるときもありますよ。それじゃなきゃ、絶対に呼ばれない。

●総裁候補の政策の違いを見抜くには？

竹　福田さんが退陣した後に総裁選がありましたが、盛り上がったどうかは別にして、自民党内でも政策の違いがかなりはっきりしましたね。

先　うん。**自民党の総裁選というのは、実は政策の見本市みたいなもので、よく「政策の窓」と呼ばれてるん**だよ。

竹　立候補した五人でいうと、麻生さんがバラマキ派、与謝野馨さんが増税派、石原伸晃さんと小池百合子さんが上げ潮派、あと宇宙人が大好きな石破茂さんは……。

先　あれ面白かったよね（笑）。「私個人の見解だが、いるかもしれない」とか言ってたもんね。

竹　オタクなんですね（笑）。

先　そう、オタクという意味も含めて麻生さんに似てる。麻生さんも地底人（五八ページ参照）が好きだしね（笑）。まぁ、麻生さんと与謝野さんの中間かもしれないけ

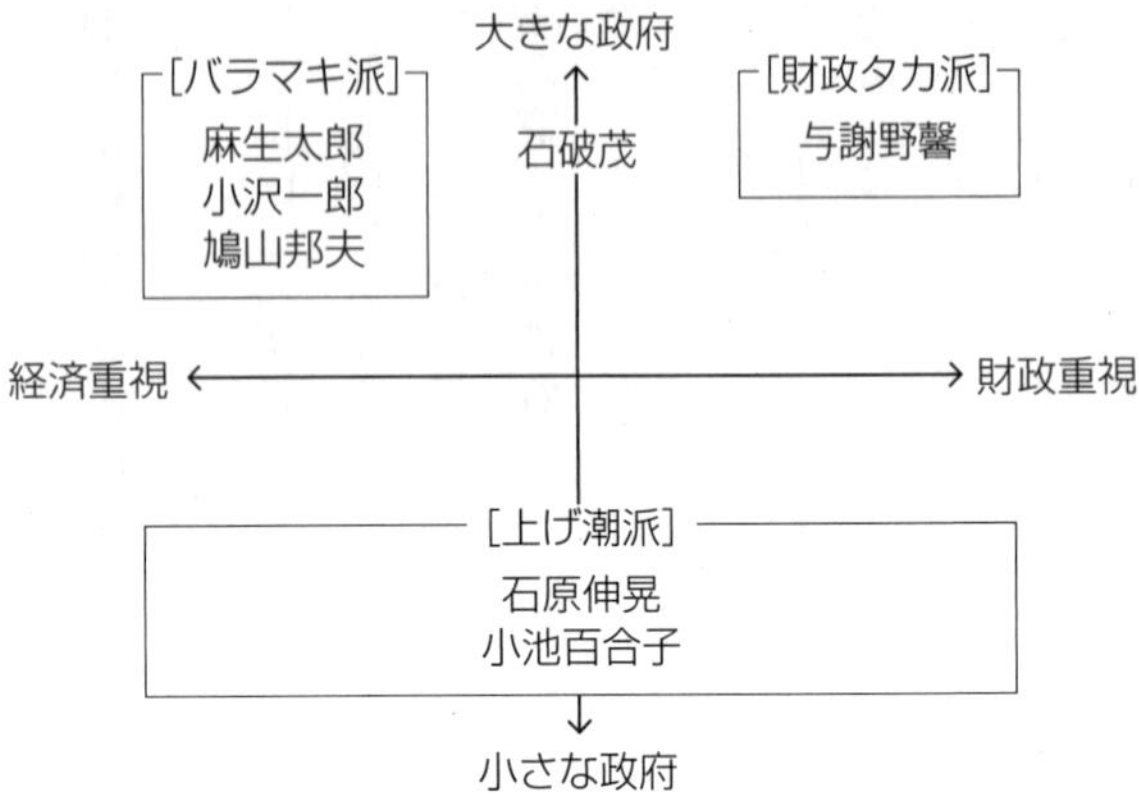

図 35：政策志向見取り図

ど、いずれにしても大きな政府を志向する人ですよ。増税派もバラマキ派も基本的に大きな政府なんです。増税というのは、民間から吸い上げるという意味で大きな政府だし、バラマキも国が積極的に色んな活動をするっていう意味で、大きな政府でしょう。

竹　石原さんと小池さんが若いようなイメージがあるんですが、この二人が、たまたま上げ潮派だったのは偶然なんですか？

先　上げ潮派って、小さな政府を志向するから、旧来の官僚機構に依存しない人が多いんですよ。そうすると、必然的に官僚との関係が薄い、若い人が中心になる。だから、**大きな政府はオールド、小さな政府はヤングって分かれる**んですよ。

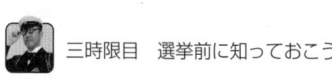

竹　なるほど。では、民主党の小沢さんは？

先　大きな政府のバラマキ派ですよ。これはね、簡単な分け方があるんですよ。ちょっと図にしてみましょう。**（図35参照）**

まず、横軸で経済重視と財政重視に分けられる。でね、縦軸は大きな政府と小さな政府に分けられるんですよ。上げ潮派っていうのは、経済も財政も重視する小さな政府になるの。それで経済重視の大きな政府っていうのは、バラマキ派の麻生さんと小沢さん。財政重視で大きな政府を志向しているのが与謝野さん。こんな感じなんですよ。

竹　一見矛盾しているようにも見えるんですが、上げ潮派は財政も経済も両方とも重視するんですか？

先　今までは、財政再建と経済成長を両方とも満たす政策がなかったから矛盾して見えるんだけど、実はここが画期的なところでね（笑）。**（図36参照）**

まず財政再建というのは、借金を減らすことでしょ。このためには埋蔵金を使って、

①埋蔵金で市中の国債を償還する
→財政再建達成

②国債を償還すると市中にお金が増える
→経済成長達成

図36：上げ潮派の論理

市中にある国債を償還すればいい。国債の償還というのは借金の返済だから、これで財政再建は達成できるよね。

次に国債を償還すると、市中にお金が増えるでしょう。すると、これは金融政策になるから、経済成長も達成できる。今は、これだけではちょっとマズいから財政政策と金融政策を総動員するんだけれど、金融危機さえ乗り越えれば、これだけを重点的にやればいいんですよ。

●今度はやっぱり政権交代？

竹　それにしても、解散総選挙を見越して

辞任した福田さんの意に反して、結局すぐに選挙にはならなかったような……。

先　麻生さん、なかなかやらないよね。首相就任直後から、支持率もそんなに高くなかったし、その後一度、底辺まで支持率が落ちちゃいましたもんね。もう九月までいっちゃうかもしれませんよ。

竹　でも、小沢さんの秘書が、西松建設から違法な政治献金を受け取った事件で逮捕されましたよね。支持率も回復してるし、これは、もしかしたら……。

先　一時期と比べたら回復してはいるんだけど、確実に勝てるほどではないから、なかなか踏み切れないよね。そうすると、民主党は党首を替えればそれで済むんだけど、自民党は、「じゃあ誰がやるんだ」って話になるでしょ。だからというんで、党首を替えたら、「またか！」って話になっちゃう。

竹　たしかに、総理としての仕事を期待している国民の目から見たら、そうなりますよね。

先　総裁選の後、民主党の人から聞いたんだけど、総選挙の相手として一番嫌だったのが、小池さんだったんだって。「麻生さんで良かった」って胸をなで下ろしてた(笑)。

だからあの時は、民主党は早く総選挙したいって言ってたよ。

竹　ああ、たしかに小池さんだと……。

先　何となく感じが違うでしょう。違うイメージがあるんだよね、小池さんだけ。

竹　じゃあ、小泉さんが「小池さんだったら闘える」と言ってたのは、やっぱり正しいわけですね。

先　正しい。要するに、麻生さんだと小沢さんとほとんど同じで、政権交代を期待する分だけ小沢さんが勝つんだよね。でも小池さんと小沢さんだったら、全然違う。だから、あの時に小池さんが総裁になってたら、総選挙やってたかもしれないね。

竹　なるほど、たしかに違いますね。小池さんだったら、選挙で闘えるだけの支持率はあったかもしれませんね。でも、リスクを承知の上で党首を替えるとして、最近、かんぽの宿の一括譲渡に待ったをかけて名を上げた鳩山邦夫さんだったらどうなんでしょう？

先　同じですよ、小沢さんと。というか、首相になるタイプじゃないだろうし。

竹　そうですか、やっぱり小池さんだけですか。しかし、小泉さんはどうしてあんなに直感が働くんですかねえ。

先　天才的なんだよね、やっぱり。それは、派閥なんかにとらわれずに独力で生きてきたからなんだろうね。だから、郵政で解散する時も、シンクタンクの調査では、もう全員、歴史的惨敗って答えたの。半分の議席どころか二〇〇もいかないってね。でも、あの人はその流れを変えちゃった。**政治家は自分がプレーヤーになるから結果を変えられる**んだよ。前にも言ったけど、客観的に見て分析はできるんだけど、観測者が中に入ると答えが変わるんですよ。

竹　それこそ、量子力学や「人間の心」の話と同じですか。見られると状態が変わってしまう。じゃあ、麻生内閣の支持率って今、二〇％代（二〇〇九年四月現在）ですが、これでも小泉さんの時みたいに大勝の可能性が……。**（図37参照）**

先　それはない（笑）。麻生さんに小泉さんほどのパワーはないでしょう。五分五分ではあるんだけど、三分の二議席が獲れるほどの大勝はしないでしょうね。

竹　小沢さんの秘書逮捕があっても？

先　小沢さん自身が逮捕されるまでの事態に発展しないと、できないでしょうね。経

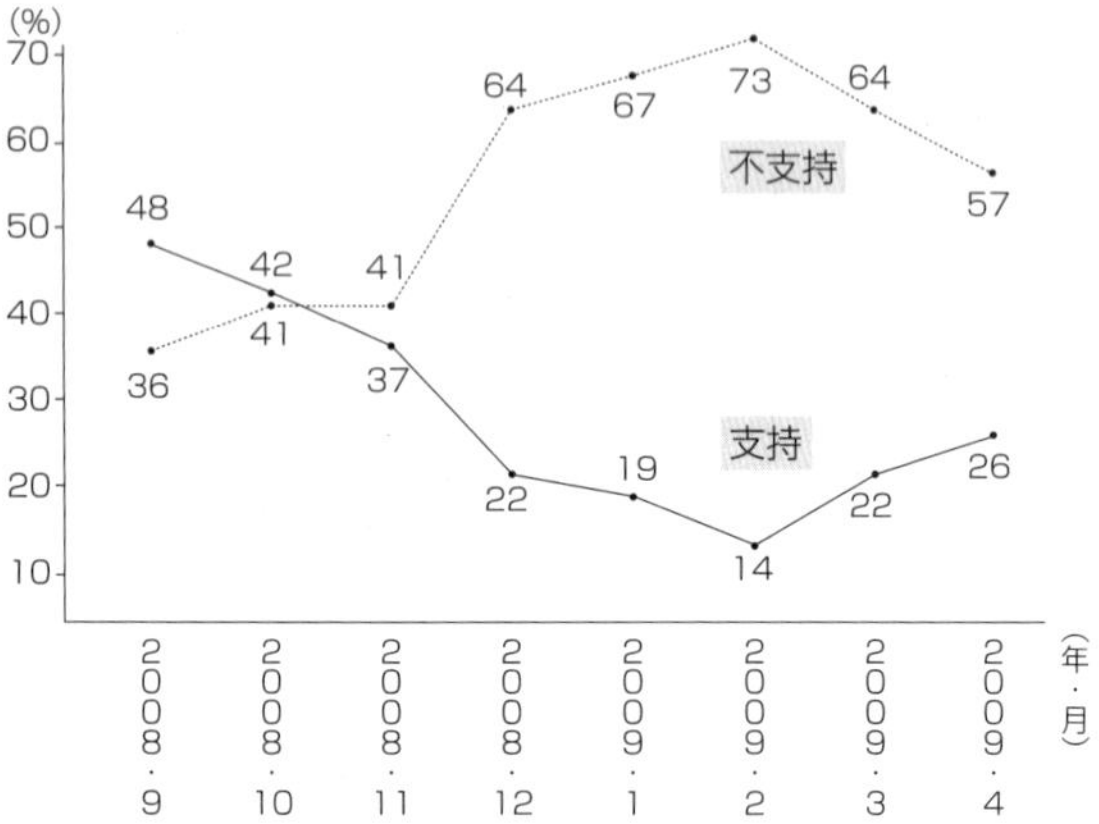

図 37：麻生内閣の支持率（出所：朝日新聞）

済産業大臣の二階さんもそうだし、捜査が自民党の幹部に及ぶ可能性だってあるんだから。それに、小沢さんがやめれば、今度は民主党がアク抜きして、支持率が上昇するでしょう。こうなると、麻生さんでは何もできない。何だかんだ言ったって、今なら景気対策って言い訳もできるしね。そうするともう、任期満了まで行っちゃう。もちろんバラマキが始まれば、多少話は変わってくるんだろうけど、そんな簡単に国民は踊らされませんよ。それに、小沢さんの支持率が下がったら、民主党は党首替えのカードを切ってくると思いますよ。

竹　じゃあ、いよいよ政権交代が起こるかもしれないわけですね。

先　今のままじゃ、そうなるかも。でも、長続きしないだろうけど。

竹　民主党が政権を取っても、いずれ転ぶと？

先　たぶん、転ぶよね。それでね、話を戻すと、麻生内閣の組閣を見ていたらわかるんだけど、小池さんはあえて他の立候補者とは逆の立場に立ったでしょう。つまり、政治では、**違う立場に立てば次がある**んだよ（笑）。

竹　あっ、たしかに小池さんだけ、麻生さんの政権には入らないって最初から言ってましたね！

先　そう、はっきり言ってた。わざと違いを見せてたの。小池さんはマスコミにいたから、よくわかるんだろうね。だから、**立ち位置を変えたほうが目立つし、長期的には得をするっていう判断**なの。つまり、まず一回目は、麻生さんがこけた時が一つのチャンスになるよね。次に、自民党も民主党も転んだ時にも、チャンスが回ってくるんですよ。

竹　さすがキャスター出身ですね。視聴率を意識するのと同じように支持率や民意を意識してたのかぁ。「麻生さんも自民党もダメになったら、次はわたしの出番よ」という目論見だったんですね。

先 そう。だって、一緒になったら同類だからね。ただこれはちょっと難しい話でね、**ドロ舟になってもいいから乗りたいって人もいる**んですよ。ドロ舟でも乗らなかったら、冷や飯も食えないかもしれないからね（笑）。でも小池さんは完全に舵を切ってて、風が吹いたときに備えようとしているわけです。だから、党首をコロコロ替えるのは、自民党にとってもマイナスなんだけど、このままじゃ闘えないってなったら、小池さんが総裁になって総選挙を闘うってこともあるかもしれないわけ。

竹 小泉劇場の後継者は、小池劇場なんでしょうか。はたして小池百合子は、千両役者だった小泉さんを超えられるんでしょうか？

ひとつだけ気になるのは、小池さんはすごいキレ者だと思うんですけど、どこか「冷たい」印象があることなんです。以前、ニュース番組で隣の席から質問を投げかけたことがあるんですが、その「返答」が、あまりにそつがなさすぎて、引いちゃった覚えがあります。もう少しユーモアで返すとかしてほしかったんですよね。男性と女性でウケに差が出るタイプの政治家かもしれませんね。
　ボクの妻なんか、「スパイスの利いたコメントを出すので好きだ」って言うんですけど、ボクには今一つわからないんですよ。

●同じ政党にいるのに、なんでみんな考え方が全然違うの？

竹　自民党の中に、上げ潮派、財政タカ派、バラマキ派があるように、**同じ政党の中でもいろんな考え方**がありますよね。これって、政党の存在自体に意味が見出しにくいんですが、そもそも政党制っていうのは何ですか？

先　政治的な考え方って、みんなちょっとずつ違うから、ホントは一人一人でやればいいんです。でも、実際に活動をするとなると、やっぱり多数じゃないとできないから、政党があるの。でも、日本の場合は同じ政党内にまったく別の考え方をする人がいるから、何を座標軸に分かれてるのかよくわからないよね。アメリカみたいな二大政党だと、大きめな政府の党と小さめな政府の党って感じで、よくわかるんだけど。

竹　共和党と民主党の差は鮮明ですね。政党のオフィシャルカラーも赤と青、トレードマークもゾウとロバ（笑）。

先　共和党はどちらかというと、公共投資とかはせず、減税する。減税するということは政府の規模が小さくなって、税金を払わない分、自分たちで何とかしちゃおうって考え方ね。逆に政府にお金を沢山払って、そこでなんかしてもらいましょうというのが大きな政府の考え方で、これが民主党になる。でね、日本も自民党と民主党が大きな政党になるわけですけど、何でこうなるかわかります？

竹　全然わからないです！

先　はい（笑）。実は、**デュヴェルジェの法則**と呼ばれる小選挙区制の定理があるんですよ。これは元々経験則だったんだけど、最近ではゲーム理論からも導き出せるようになりましたね。

たとえば、一つの選挙区から一人しか選ばないと、投票が無駄にならないように、一位か二位の候補者にしか投票しなくなるから、三位の候補者には票は入らないの。だから、政党は二つしかできにくくなるんです。同じように、二人を一つの選挙区か

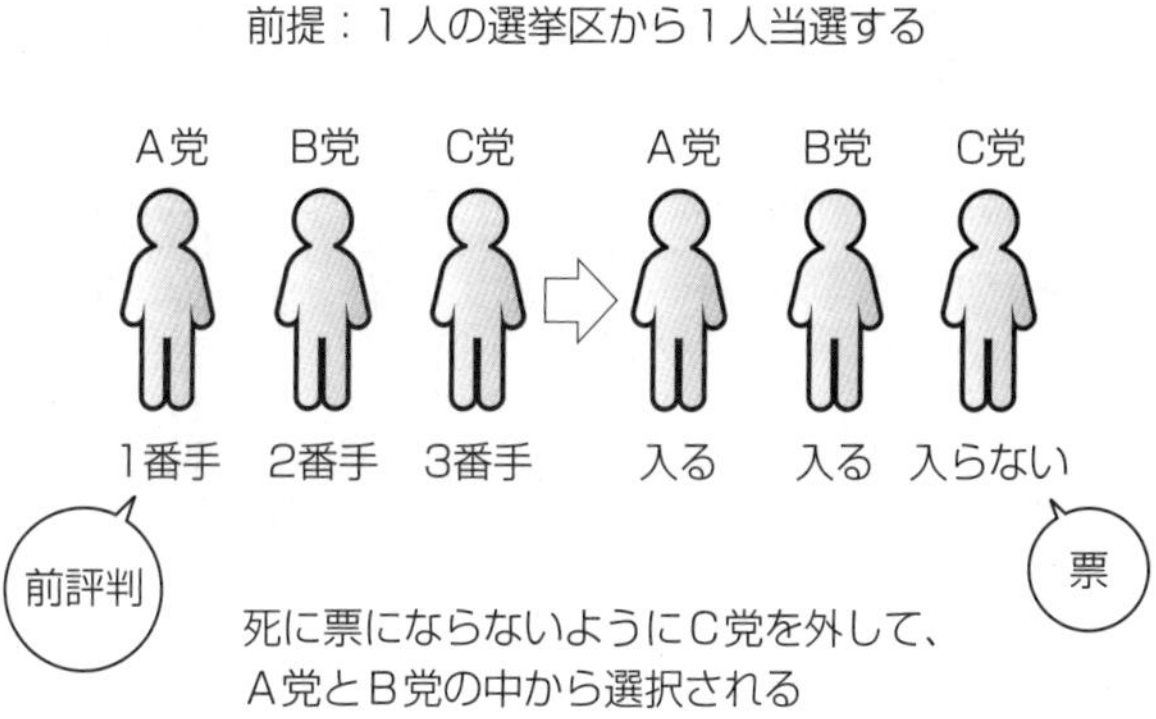

図38：選挙におけるゲーム理論

ら選ぶとしますよね。そうしたら政党は三つになるの。さらに中選挙区制みたいに、三人選ぶと政党は四つになるの。こういう法則があるんです。**（図38参照）**

竹　ということは、数学的に、一つの選挙区からn人の人が当選する場合、存在できる政党の数は（n＋一）になるんですか！
　今は小選挙区制で一選挙区一人だから自民党と民主党が大きな政党になっているわけですね。でも、公明党はそれなりに大きいし、社民党、共産党、国民新党、新党大地、新党日本も消滅はしてませんが。

先　それは完全な小選挙区制じゃないから。比例代表制があるでしょう。衆議院で見ると、小選挙区の議席は三〇〇、比例代表は一八〇ですよね。つまり、**小選挙区の比重が大きいから、大きな政党は二つしかできにくい。でも一方で、比例代表制があるから、他の政党も規模は小さいけれど存在できる**の。

竹 うーん、実に数学的だ。選挙はゲームの理論ですねぇ。

先 実はこの仕組みが、自民党内であれだけ意見が分かれてても、離党して新しい党を作らないのと関係があるんです。

竹 それはつまり、よっぽど大きな党を作らないと選挙で当選しないから？

先 そうそう。自民党か民主党よりも大きな党を作らないと、小選挙区じゃ当選しないから。そうすると、比例代表制で多少の議席は確保できたとしても、政治の実権をほとんど握れない小さな党になっちゃうでしょう。これじゃあ、まったくの自殺行為だよね。だから自由主義っていう大きな目標の下で、考え方に多少の違いがあっても、一つの政党にまとまってるの。

竹 今の選挙制度のもとでは、三番目の政党はありえないんですね。

先 アメリカやイギリスなんかは、完全な小選挙区制だから二大政党でしょ。

竹　たしかに、イギリスでは以前は自由党が強かったようですが、今は労働党と保守党の二大政党で、自由党は極端にダメになりましたね。

先　三つは長期的にはなかなか存続しづらいんだよ。当選することが選挙の目的だとすると、実は多くの党が存続し得ないというのは、数学的にも証明できちゃう。一時、中川秀直さんが新党を作るなんて噂も出たけれど、これ、スゴく難しいんだよ。**中選挙区だったら、たぶんやってた**と思う。だから、自民党を出た渡辺さんがスゴく苦戦しているのも、うなずけるんだよね。

竹　ナルホド。新党をつくって政権を奪取する可能性は、数学的にものすごく低い。でも、中選挙区制だったら可能性がでてくる。

先　ゲーム理論の定理では、「選出人数＋一」だからね。中選挙区ってだいたい一選挙区あたり三人くらいだから、四つの政党までオーケーなんだよ。

竹　あっ、そっか！　実は民主党もそうだったんですね。旧自民党の人たちと旧社会党の人たちが混在していて、なんか変だとは思ってたんですけど、それは「一＋一」で「二」までしか政党が存在できないから。

先　そうそう。変な形だけど、分かれたらもっとひどくなるから（笑）。だから、格差是正とか平等主義とか、そういう大きな目標で一緒になってるの。

竹　じゃあ政党の人たちは、選挙区と政党の数の関係を、数学的な定理として理解していたんですね。理系センスありますね。

先　してない、してない（笑）！　経験として理解しているだけですよ。

竹　面白いですね。数学的には、はっきりしてるんだけど、みんな直感として……。

先　彼らにとっては死活問題だから。だって**選挙に通らなかったら、みんなただのおじさん、おばさん**だからね（笑）。だから新党を作るのであれば、まず自民党と民主党が一緒になることなんですよ。一緒になったら、大政党だから選挙で落ちることはほとんどないよね。で、その後に分かれればいいんだよ。それが一番簡単。自民党が二つに割れて、民主党も二つに割れちゃったら、四つになっちゃうでしょう。これだと選挙に通りにくいから、ありえない。でも、一度一つになって、その後に二つに分かれれば、意見の違いできれいに分かれるよね。

竹　なるほど。でも、そう考えてみると、公務員制度とか給付金とか麻生政権への不満が募って離党した渡辺さんの行動って、理解しにくいですね。あれって、勝算があってのことなんですかね。

先　勝算はあまりないでしょうが、政治家の直感や熱意はときとして理論を覆すから、それに賭けたんだろうね。つまり、渡辺さんは**ハイリスクハイリターンを選択したって**ことですよ。今のままじゃ、総選挙の後も大きく舵を切っていた反麻生の下に置かれることになるじゃないですか。だから、勝負に出たの。冷や飯も食えないような状態になったとしても、「だったら農業するよ」って思ってるから、あの人は（笑）。スッキリしてるの。

だけど、マスコミは渡辺さんのことを非難してたでしょ。何でだかわかります？

竹　自民党の圧力ですか？

先　そう。自民党の中でも、渡辺さんの行動に嫉妬を覚えた人のね。だって、総選挙の後に再編の話になったら、みんな渡辺さんの下になっちゃうじゃない。これは、野心のある政治家にとっては、あまりよろしいことじゃないですよね。だから、**渡辺さんが潰れてくれるのが、こういう人たちにとっては一番ハッピー**なんだよ。

竹　ああ。じゃあもしかしたら、渡辺さんは総選挙後のことを予測して、思いきって舵を切ったんですかね。

先　そうかもしれない。でも、自民党が勝ったら単なるピエロだし、民主党が圧勝して政権が続いちゃったら、渡辺さんを入党させる必要もない。やっぱり、再編でしか英雄にはなれないんですよ。だから、普通はどんなに不満があっても、離党はしないんですけれどね。

竹　じゃあ、福田政権発足当時に話があった自民党と民主党との大連立が、もし実現していれば……。

先　実現してたら、その後、うま〜く分かれたかもしれない。

竹　大連立という案そのものは、数学的には正しい選択肢だったのかぁ（笑）。離党したくてもできない政治家が多いなら、あの時いったん一緒になっちゃったほうがよかったのかもしれませんね。

先　**国民から見ても、そのほうが良かった**よね（笑）。大政翼賛会になるとか、大連立のことを批判する人もいるけれど、数学的に考えれば安定的じゃないから、最終的には二つの政党になるんだよ。どういう形に分かれるかっていうと、おそらく大きな政府派のオールドと小さな政府派のヤングに分かれる。だから私なんかはいつも、一度大連立をしたほうが、すっきり分かれるんじゃないかって思ってますよ。

竹　数学的に考えると、いろいろなことがハッキリ分かってきますね。さっきの（n＋一）の話もそうですが、仮に大連立になっても、数学的に安定しないからすぐに分裂してしまう！

■コラム【選挙制度と政党の数】

小選挙区制では政党数が二になること、もっと一般には、一つの選挙区でn人が当選する制度のもとでは、政党数が（n＋一）になることは、デュヴェルジェの法則と呼ばれる。もともと、フランスの政治学者モーリス・デュヴェルジェ（一九一七〜）が唱えた。

その考え方は単純で、「有権者は死に票を回避する」という傾向が根拠になっている。ある選挙区で何度も選挙が行われていると、有権者は、立候補した人たちの得票数を推定できるようになる。仮に有権者が、自分のイチオシの候補者が当選確実だと考えた場合、その有権者には「この人はもう大丈夫だから、次に好きな候補者の後押しをしよう」という意識が働く。同様に、自分のイチオシの候補者が落選確実だと判断した場合は、「この人はもうダメだから、当選する可能性のある別の人に投票しよう」という意識が働く。ようするに、有権者は、自分の一票に「意味」をもたせ、死に票になることを回避しようとするのだ。

その結果、当落線上にいる、上からn番目の候補と（n＋一）番目の候補に票が集中して激戦となる。もっと上位の候補者は、（理論上は）この当落線上まで票を失う可能性がある。もっと下位の候補者はどんどん票を失って（理論上は）得票がゼロになってしまう。したがって、（n＋二）番目以降の候補者は得票がゼロに近づき、選挙後、（n＋二）番目以降の政党は極端に当選者が少なくなると予想される。

つまり、一つの選挙区でn人が当選する制度のものでは、政党数が（n＋一）

に収束する。
当初は経験則にすぎなかったデュヴェルジェの法則だが、ウィリアム・ライカー、ゲイリー・コックスらによって、ゲームの理論と呼ばれる分野の手法を用いて数学的な証明がなされている。

●役人の役人による役人のための制度

竹　先生は、これから民主党が政権を獲ってもうまくいかなくて再編が起こるんじゃないかと見てますよね。でも、民主党がうまくいかなくなりそうな具体的な理由があんまり思いつかないんですが……何があるんですか？

先　具体的には、郵政と道路公団を国有化することでしょうね。

竹　えっ、わざわざ民営化したのに元に戻しちゃうんですか？

先　だって、郵政は株式凍結法案を出してるし、高速道路は無料化って言ってるでしょう、これじゃあ民営化じゃなくなるもの（笑）。政治公約だし、今さら引き下がれませんよね。そうすると、道路公団と郵政の職員二〇万人弱の人をまた公務員に戻さなきゃいけないわけですよ。

竹　それって大変なことなんじゃ……。

先　大変なことですよ。だから、こういったことをきっかけに分かれるんですよ。民主党は「政権を獲る」という目標で団結してるんだけど、もう分かれたくてウズウズしてる人もいっぱいいるんですから。

竹　「欲しがりません、獲るまでは」ですか。

先　そうそう（笑）。でも、こうやって**政権を獲ることばかりに目を向けていると、政治空白が起こるんですよ。そうすると、そこにつけ込んで好き勝手なことをするのが、お役人**なわけ（笑）。

竹　ああ、例の骨抜きってやつですか。

先　そう。たとえば、去年（二〇〇八年）の年末にもう、二回も大きく骨抜きされちゃってるんだから（笑）。まずね、政策金融機関の民営化の話。去年の一〇月に**日本政策金融公庫**が新しく発足したの。

竹　政策投資銀行の民営化ですね。

先　ここにはたしかに、民間人がトップに入ったんだけど、その下の二人は財務省の元事務次官（笑）。ひどいでしょ。だから**政治家が少しでも目を離すと、役所はやりたい放題**だよ。もう鬼の居ぬ間に何とかってやつ（笑）。

竹　通した法案に問題があったんですか？

先　政策金融の場合は制度も法律も作ったんだけど、経営者が誰かというのを決めずに終わっちゃったんだよね。トップはね、本当は「一定以上は民間人」というのが決まり事なんだけど、その「一定以上」というのを「一番上」だけ、にされちゃったの（笑）。うまく解釈されちゃったよね、ホント。

竹　まぁ、法の解釈上は間違ってはいない（笑）。

先　それとね、これは渡辺喜美さんが手がけていた公務員制度改革なんだけど、これは、世の中が金融危機にしか目が向いていない時に、ヒドい骨抜きのされ方をしてでね。というのも、二〇〇七年に改正された国家公務員法には、天下りは監視委員会が承認するということになってるんです。でも、野党がこの委員会人事を拒否したからというんで、**政令で「監視委員会の委員長等が任命されるまでの間、内閣総理大臣が権限を行使する」という言葉と「企業側の依頼に応ずるために、元役職員をあっせんすることが必要不可欠であると認められる場合は、この限りではない」という言葉を忍び込ませた**の。

まず「内閣総理大臣が権限を行使する」とは何を意味するかというと、これは**各省庁の権限を行使するという意味で、今までと何も変わらないの。次に「必要不可欠であると認められる場合は、この限りではない」ってことは、もうそのまんま天下りの奨励**（笑）。

竹　政令っていうのはでも、法律ではないんですよね。

先　違うんだよね。でも、法律では「監視委員会が行う」とあるのに、法律より優先順位が下にある政令でひっくり返そうとした。もう、びっくりだよ（笑）。たまたま見つかったから良かったものの、これはもう**法律を無視した完全なクーデター**だからね。何も知らない麻生さんが一回でも斡旋を認めちゃったら、それが既成事実になって、天下り禁止の話なんてなかったことになっていたかもしれない。

竹　ああ。でも「企業側の依頼に応ずるために」って言葉があるということは、役人を欲しがる企業も案外多い？

先　それで、いいことがあるなら、間違いなく欲しいですよね（笑）。**それにたとえ企業側が欲しくなくても、企業に圧力をかけて「欲しい」って言わせるの**（笑）。ほら、**春は人事異動の季節でしょ。早くしないと、天下り入社募集枠の締め切りが過ぎちゃうんですよ**（笑）。

竹　ああ、生涯安心システムが崩壊しちゃうから、急がないといけなかったと。ボクの周囲でも天下りは数えきれないほど目撃しますね。親戚のおじさんは日銀から某証券会社の役員に天下りましたし、ボクの父は某メーカーに勤めていたんですが、防衛機器の納入もしているので、定期的に防衛庁（当時）から天下ってきていましたね。将官クラスの人が部長とか役員クラスで下ってくる。親父は彼らのことを「お客さん」と呼んで苦笑してましたけど。それにしても、お役人は悪知恵が働きますね〜。

先　そういう才能だけは抜群にあるよね（笑）。ホント、バレないようにコソコソやるから。でもね、たま〜に下手な骨抜きもあるの（笑）。

作家の猪瀬直樹先生がいる地方分権改革推進委員会で起こったことで、ここでね、国の出先機関の職員（二六七ページ参照）を三万五千人削減しようという勧告書を麻生さんに提出しようとしたの。その内容は委員会が決めるんだけど、文書自体は最終的に事務局が作成するんですよ。でね、**出先機関改革の話は、勧告書の中の「四」という項目に書かれていたんだけど、麻生さんに提出する前のたった三〇分の間に「以上を踏まえ、政府に具体的な措置を求める事項は、五および六のとおりである」っていう二行を書き加えてる**の（笑）。

竹　つまり、五と六には職員削減の話は書かれてなかったんですね。

先　そうそう。まぁ、苦し紛れだったんだろうけど、これじゃバレバレですよね（笑）。だから、すぐに委員会のメンバーに突っ込まれたんだけど、その言い訳がまた面白いの。

竹　何て言ったんですか（笑）。

先　**これは接続詞として入れざるを得なかったんです**、だって（笑）。

竹　せ、接続詞!?　ふつうの日本人にはわからない、役人だけの文法なんですかね

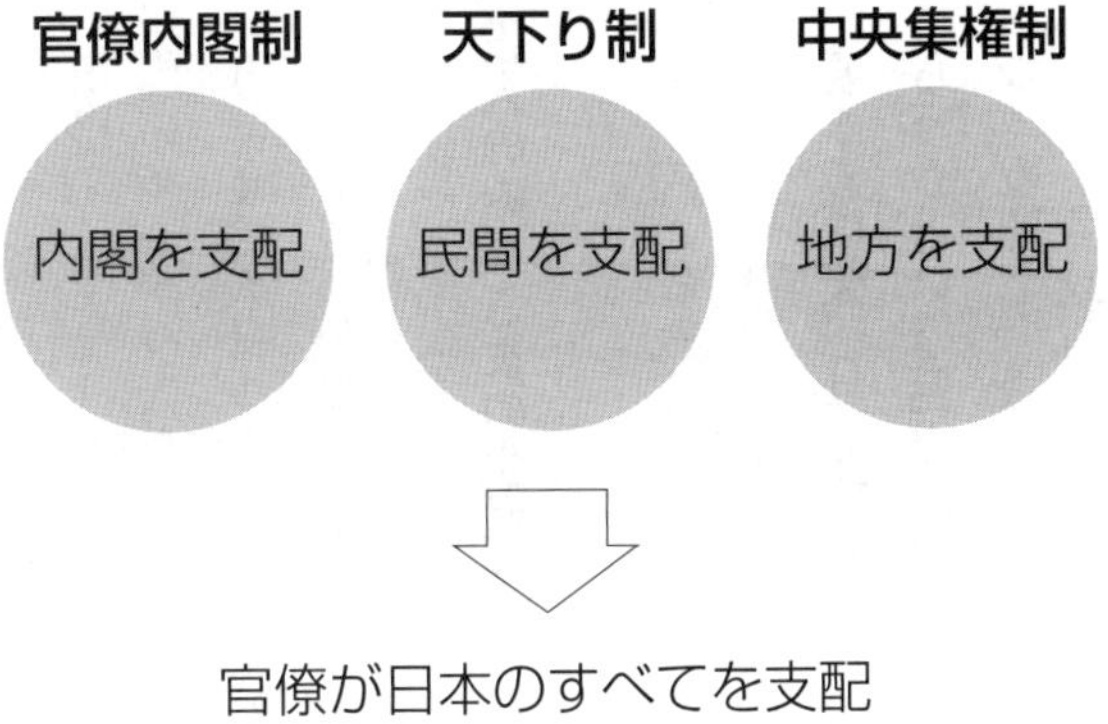

図39：官僚の支配図

（笑）。それにしても、平気で文章を改ざんしちゃうなんて、もう言葉もありません。

先　だから、選挙だ何だって、国民の目が別のところに向いてると、お役人に簡単にやられちゃうんですよ。

　ちょっとここで、官僚支配に関する問題点を挙げておくと、**官僚内閣制**、**天下り制**、**中央集権制**という三つがあるんです。まず、**官僚内閣制というのは、官僚が内閣を支配していること**。次に、**天下り制というのは、官僚が民間を支配していること**。最後に、**中央集権制というのは、官僚が地方を支配していること**。で、この三つの問題に共通することが「役人の役人による役人のため

の制度」だってことなんです。（図39参照）

竹　ボクは、むかし、東大の法学部に入って役人になろうと考えていたので、今でも同級生の多くが役人なんですが……たしかに「国民の国民による国民のための」政府という考えの人は少ないですよね。若い間はそれなりに理想に燃えて仕事をしていても、あるとき、悪魔がささやき始めるんですかね。

●役人のみなさまの生涯安心システム「天下り」

竹　人事院の総裁をはじめとして、渡りとか天下りのことが幾度もニュースで話題になってましたけど、結局これは何が問題なんでしょう？

先　**要するに天下りの問題点というのは、これも経済学的に説明すると、給料をどこでもらうかという話**なんですよ。まぁ民間もそうなんですが、役所って最後、ポストが少なくなるじゃないですか。そうすると、途中でポストからはじかれて、えらくなれない人もいるでしょう。そういう人に対しても、同じだけの給料を保証します、というシステムなんですよ。でも、その保証の仕方が天下りって形になると、ちょっと不透明になるの。口を利くだけだったらいいんですが、やっぱりここにはインセンティブがあってね。**税金を使って、天下り先に補助金をつけてあげるんです。さっき、「いいことがある」って言ったけど、これを「お土産」って言うの。**

竹　こうなると、インセンティブという経済学用語も、私利私欲（インセンティブ）ってルビになっちゃいますね（汗）。

　でも、事情は、民間企業も同じですよね。全員が取締役になるわけじゃないじゃないから、子会社に入ったりする。

先　そう、子会社に入れる。**民間の場合はそれで構わないけれど、公務員の場合は税金を使う**から、ここが問題になりますよね。だったら、独立行政法人みたいな子会社なんか作らないで、出世はしないかもしれないけれど、細く長く生きればいいでしょ。そっちのほうが、お金の使い方としてはクリアでしょう。

竹　なるほど。独立行政法人っていうのは確か、公共投資などをする時の……。

先　そう。**社会経済の安定上、確実に実施される必要がある事業を行う法人**ってやつね。財投改革でだいぶ改善されたけれど、やっぱりここに仕事を発注するというのはフェアじゃないよね。だから、**財政政策をする時は公共投資よりは減税のほうが公正さを保てる**んです。

竹　公務員制度改革の中では、キャリア制度の廃止というのがありますが、あれはどういうことなんですか？

先　**キャリア制度なんて制度、ホントはない**んですけどね（笑）。

竹　ええ!?　ないんですか？　知りませんでした。

先　単なる慣行で、**学校を卒業した後、試験一発で終身雇用が保証されます**、というものなんです。それはちょっと保証し過ぎじゃないのかって（笑）。フランスにもキャリア制度はありますが、別に入れ替えは自由なんですよ。**そういう意味でも、一回の試験で四〇年間保証するのは、ちょっと常識的じゃない**ですよね。

キャリアで入ったら、最初から本省課長なんていう身分が保証されるの。課長ってかなり偉いんですよ（笑）。小さな業界だったら、ほとんど支配できちゃうんです。

竹　お金を握っているから、財務省の本省課長の権限は、他省庁の局長クラスともいわれますよね。民間だと、若くしてそれだけ大きな仕事を任せられるというのはないですよね。

先　ないですね。起業しなきゃ無理でしょう。テストに合格して入ってきたとはいえね、はっきり言えば仕事ができない人もいるわけです。そういう人もしっかり優遇してるっていうのは、外からみるとおかしいんですよ。

竹　公務員の問題って、天下りだけなんですか？

先　**天下りもそうだけど、もう一つ問題がある**んです。これはね、地方分権とも関わってくる話なんだけど、地方にある国の出先機関、去年（二〇〇八年）北海道で二件起きた土木工事の談合もそうだし、国交省で公用車の談合も話題になったけど、あれ、全部違う機関なんですよ。具体的に言うとね、北海道の件は北海道開発局で、国交省の件は、地方整備局がやらかしてるの。

竹　これは、地方の機関ではないんですか？

先　そこがミソなの！　中央機関には国家公務員が事務職で三〇万人いるんですが、そのうち二〇万人は、実は地方の出先機関で働く人なんです。それで地方の出先機関がなぜいいかと言うと、東京からの監視がきかない（笑）。すごいでしょ。それと特別会計があるから、地方の出先機関はみんな予算を持っているんですよ。**お金はある、東京からの監視はきかない、それに地方からの監視もきかない。なぜならば、国の機関だから**（笑）。県知事さんとか、そういう人の下にいないから。**だから地方に行くと、国家公務員はハッピーなの。もう、やりたい放題**ですから。

竹　ち、治外法権ですか。

先　治外法権、そうそう。偉ぶってても大丈夫でしょ。しばらくしたら異動もあるしね。だからね、これも地方に移しちゃったほうがいいの。**地方分権って、ヒト・モノ・カネを移すことなんだけど、ヒト（公務員）が移ればモノ（権限）も移る**の。そうするとね、次にメディアが東京だけに集中できなくなるんです。要するにメディアは、仕事とネタについて行くんですよ。そうすれば地方での出来事もね、メディアがちゃんと監視できるようになるんです。

竹　うーん、今の体制だと、中央の省庁から地方の出先機関に行ったら、地方だから中央の監視はない、国の機関だから地方政府の監視もない、おまけにメディアの監視も届かない。やりたい放題なのかぁ。われわれ国民の血税を湯水のごとく使っちゃってるんですね……。誰か地方分権を進めてくれないんですかねぇ。う～ん、バカヤロー！

●小泉改革以後　麻生内閣と政策

竹　なんかムカムカしてきましたが、最後に麻生政権の政策について、ちょっとおさらいしたいと思います。まず、麻生さんの一五兆円規模の経済政策なんですが、これは今の金融危機に対して、十分な措置なんでしょうか。

先　十分ではないでしょう。**経済政策というものを喩えると、すっかり冷えきった水の入った風呂があって、お湯を注いで追い炊きしようっていうような話と同じ**なんですよ。でも、今回の経済政策はぬるま湯程度だから、風呂は温かくならない。**一〇〇年に一回の危機って時だから、風呂に入っているのは氷水なの。**これを溶かしてお湯にしようと思ったら、こんな程度じゃ無理でしょう。お湯を足したかどうかも、わかんないうちに終わっちゃいますよ。

竹　渡辺さんは、この経済政策の中の定額給付金の撤回が受け入れられなかったから離党したようですが、実際、世論調査でもこの政策については否定的な意見が多いみたいですね。国民の七割は反対していたみたいですけど。

先　渡辺さんは、政治的なスタンスもあるだろうから否定的ですけど、私個人の意見で言えば、政策自体は悪くないと思いますよ。もちろん日銀にデフレ対策をきちんとしてもらった上でやる、というのが前提ですが、財政政策をやるなら、これが一番いい方法だと思います。

　というのも、公共投資は天下り団体にお金を落とすことになるから、これは公正さが欠ける。となると、財政政策として残るのは減税になるんですが、派遣村なんてものが出てくるぐらいなんだから、今は所得がない人にもお金が回るほうがいいんです。**だから給付金というのは、けっこう正しいの。ただ、どうせやるんだったら二兆円なんてことを言わずに、二〇兆円規模でやればいい**んです。そうすれば、いくらデフレ症候群に冒されてる国民だって、さすがに財布の紐が緩みますよ。

竹　なるほど、金融政策とミックスすれば財政政策も効くと。ただし、規模が小さいと。よーく、わかります。これはボク個人の感覚ですが、一万二千円もらっても前向きになんかなれっこない。一〇万円だったら、かなり気持ちが変わりますけれど。

先　そうそう。それと、何でこんな大きな額の財政出動が必要なのか、もう一つ大きな理由があるんですよ。これは、今までのテストです（笑）。わかります？

竹　え〜と（笑）。……あっ、もしかして、埋蔵金ですか？

先　その通り！　**ここで大胆に使わないと、埋蔵金は引っ張り出されずに、結局そのまま官僚の手元に残ることになる**んです。

竹　つまり、今埋蔵金を使わなかったら、後で天下り団体に使われるだけだと！

先　そういうことです。結果がどうあれ、選挙後すぐは混乱してるだろうから、しばらくは役人のやりたい放題でしょうからね（笑）。もちろん、平時の使い方としては国債の買い上げがベストなんだけど、こういう事態だったら、仕方ないですよ。**今でも少なくとも二〇兆円はあるだろうから、役人に使われる前に大胆に使って、経済のパイを大きくすること**ですよ。そうすれば、いずれ税収も増えて、財政も立ち直るでしょう。

竹　まずは経済を回復させて、その後に財政を再建すると、なるほど。ところで、平成二一年度の予算の中では、地方交付税が一兆円増えましたが、これは自民党が地方分権を推進しようとしている証拠だと見ていいんでしょうか。

先　どうだろう（笑）。**交付税って何に使ってもいいんだけど、これには「雇用創出などで」って書いてある。ここが危険。たぶん、道路に使われちゃうよ。**道路特定財源もそうだけれど、本当は一般財源化するのが一番いいんだよ。でも、一般財源化できずに、結局、交付金になったでしょう（笑）。道路族の言いなりになっちゃってるから、自民党が推進しようとしても難しいでしょうね。

竹　じゃあ、民主党に代わったら、一般財源化できる？

先　民主党にも道路族はいるから、結果は同じ（笑）。でも、国会議員は国民が選ぶわけだから、今の状況を変えることは可能ですよね。

竹　とすると……自民党も民主党もダメだから、やっぱり政界再編になるんでしょうか。

先　個人的には、そんな気がしますね。そして、おそらく大きな政府派のオールドと小さな政府派のヤングに分かれるの。それでね、こういうご時世だから、今は大きな政府が志向されるのかもしれないけど、**フェアな国を作ろうと思ったら、やっぱり国民が監視しやすい小さな政府がいい**と思います。

竹　今のままでは大きな政府を志向しても、役人の好き勝手な行動がまかり通るということですね。

先　その通り。でも、**民主主義の国なんだから、どんな結果になっても、それが民意**なんです。ただ、民意を反映させるための選挙なんだから、これを放棄して文句を言うっていうのは、おかしいでしょって話。

竹　選挙に行かなきゃダメなんですね。

先　やっぱり世の中**ノーフリーランチ**なの（笑）。ただ飯はないんです。これは働くのとは、ちょっと違いますけど、選択をする労力を惜しんだら何も変わらない。

竹　バカヤローって叫んだところで、何も変わらない。文句があったら、行動を起こさないとダメなんですね。じゃあ、これを最後にします。う〜ん、**バカヤロー！**

竹　ボクは「猫好き科学作家」なんですが、いつも心を痛めていることがあるんです。実は、犬や猫って、年間にものスゴい数が殺されているんです。具体的には、年間三七万匹の犬と猫が保健所と動物愛護センターに引き取られて、このうち三三万匹が、早くて三日で殺されてしまうんですよね。それで、これは何とかしたいと思って、いろんな人と協力して殺処分の問題に取り組んでいるんですが、行政のシステムがどうもよくわからないんです。

　保健所も動物愛護センターも、地方自治体が運営しているようなんですが、管轄しているのは保健所が厚生労働省、動物愛護センターが環境省っぽいんですよ。でも、殺処分については、管轄が判然としない。つまり、どこにどうアプローチすればいいのかがわからないんです。殺処分をなくすために制度を変えたいんですが、どうすればいいのでしょうか。

先　まずね、保健所っていうのは、地方の出先機関なんですよ。つまり、自分たちが決めてやっているという意識はまったくなくて、補助金が出てるから中央から言われてたことをやってるだけ。だから、ここに働きかけてもどうにもならないでしょうね。

竹　とすると、厚生労働省と環境省が残りますよね。でも、厚生労働省と環境省では、考え方がまったく違うんです。厚生労働省は狂犬病予防法というものがあって、その法律に基づいて収容した犬や猫を殺そうとするんですよ（厚生労働省は最近、保健所や動物愛護センターでも、引き取り手が見つかるまで「保管」してかまわない、とスタンスを変えつつある。一歩前進だが、まだまだ不充分だ）。でも、環境省は動物愛護法というのがあって、これは生かそうとする。環境省の考え方が優先されればいいんですが、見ているとどうも、環境省には力がないように思えるんですよ。

先　**金がないから**ですよ。

竹　ああ、単純にそういうことなんですね！

先　どっちからお金をもらうかって話。まず、各省庁のひも付き補助金っていうのがあってね。厚生労働省は狂犬病予防の予算を配っている時に、保健所に注意していたのかもしれませんね。それと三日で殺処分っていうのも、変だよね。たぶん、中央省庁がだいたいこのくらいって決めて、地方に徹底させたルールなんだよ。

竹　そうなんですよ、東京都は、がんばって予算をつけて、なんとか七日になったんですよ！

先　収容している期間はせいぜい三日でいいだろうと、みんな思い込んでるんだよね。でも、思い込んでるっていうのは、まず中央からお金をもらっているから、というのがあるわけですよ。で、東京都がそうやって逆らえるのは、仮になくてもやっていけるから、ものが言えるの。

竹　でも厚生労働省は、今はもう既存の狂犬病予防法に意味がなくなってきているのに、なぜそれをすぐ改正したりしないんですかね。日本国内では一九七〇年以来、狂犬病の発生は確認されていないんです。今やらなくちゃいけないのは、捨て犬・迷い犬を殺すことではなくて、予防接種の徹底と水際での狂犬病侵入阻止なのに。

先　要するに、狂犬病を所管している課というのがあってね、その課のお仕事だからですよ。つまり**仕事がなくなっちゃうと、省庁からすると規模が小さくなっちゃうからマズい**わけですよ。狂犬病なんて日本にはほとんどないんだけど、仕事があるってことは、予算がある。この予算がなくなることは、人件費もなくなり、自分たちの居場所がなくなってしまうというわけです。

竹　動物愛護法って、最初、どこもやりたがらなくて、環境省に押し付けたっていう経緯があるらしいんですが。

先　それはたぶん、狂犬病と矛盾があるから。わざわざ省庁同士、対立もしたくないでしょ。

竹　ということは、それは失敗だったわけですね。つまり、動物愛護法を厚生労働省が抱えてしまえば、新たな仕事として良かったのに。

先　でもそれだと、今までやっていたことと正反対のことをやるワケでしょ。割り切れない部分もあったんじゃないかな。本当に賢いのは、同じ局で違う部署を作ってやれば、予算の話もスムーズにいったかもしれない。

竹　ですよね。環境省が動物愛護法をやっているから、お金がなくって、あまりできない。一方、厚生労働省はあくまで狂犬病予防法の立場にいるから、お金があっても何もしないと。じゃあボクが何とかするとして（笑）、今ある殺処分をなくすには具体的にどうすればいいんですか？

先　もしやるんなら、官房長官のところに行って、この件は重要だから厚生労働省にやらせますって言わせるの。もしくは、**内閣府の中の一つの部署でやってもらう**というのもある。っていうのが、比較的抵抗が少ないでしょうね。でも、難しいかなぁ（笑）。

竹内さんの言ってることはわかるんだけど、各省の仕事がなくなるのはマズいから、「御取り潰し」はできないんですよ。それと、これはもう日本の制度の悪いところで、各省各課の仕事が、法律で全部書いてあるんです。だから、狂犬病の仕事をなくすには、その法律を改正しなきゃならない。これは、スゴくハードルが高いんですよ。普通の国は、役人の仕事なんて法律に書いてないから、大臣が「うん」って言えば、それで決まりなんですけどね。日本ではそうはいかない。

竹　ああ……。たとえば、自民党の中には、動物議連ってのがあるんですが、そこの顧問が麻生さんなんですね。麻生さんに働きかけてもなかなか動かないわけですか。

先　どの程度力を入れてやっているかなんだよね。

竹　実際見てると、ちゃんと動いているのはホントに少数。まぁ、あとの方は単に名前を……。

先　会合もあんまり開いてないんじゃない？

竹　そうなんですよね。

先　たぶん、麻生さんに聞いたら「何だっけ？」って言われるんじゃないかな。

竹　動物が好きな人、飼っている人に声を掛けて、入ってもらってるみたいなんですよ。なので、投票したりする時に頼めば、まぁ、やってくれるんでしょうけど、実際に殺処分ゼロに向けて動いているのは、ごくごく少数のようなんですね。

先　うん、何でもそうなんだけど、まぁ、この場合は狂犬病の課を潰す法律を一つ作って、新しい課を作ることになるんだろうけどね。でもこれ、役人は抵抗するよ。仕事がなくなっちゃうっていうのもあるし、今までと違う仕事を急にやれっていうのもあるからね。「狂犬病の犬が入ってきたら大変だから」とかグチグチ言うよね。これも縦割り行政の弊害なんだけど、硬直的で他に転用ができないっていう日本の構造の典型だね、これは（笑）。政府の縦割りをなくすっていうのは、公務員改革で狙ったことの一つだったんだけど、いっつもこの話が出るの。国民からすると「何でそうなんだよ」って思うだろうけど、もうホント融通が効かない。

竹　地方分権が進めば、変わりますか？

先　変わる。地方分権になれば、中央省庁が関係なくなって、首長さんの判断一つでできるようになるわけよ。つまり、その地域でこれに賛成してくれる人が多ければ、できちゃうでしょ。でも、地域ごとだからね（笑）。

竹　これはたとえば、試験的にどこかの地域で実施はできないんですか？

先　できるよ。それをやるために**特区（構造改革特別区域計画）制度**ってのがあるんですよ。

竹　特区？　ああ！

先　だから、特区申請するのよ。本当は、補助金制度をやめて、地方税に振り替えちゃえばいいじゃない、って思うんだけど、なかなかできないでしょう。だから、税金の話は抜きにして、権限だけを完全に地方に委譲する。そうすると、どんな処分をするのも自由ってなるんですよ。

竹　特区ですか。でも、やっぱりお金かかるんですか（笑）。

先　大丈夫、大丈夫（笑）。特区の話っていうのは、基本的にお金かからないから。権限をゆだねて申請するだけ。そうするとね、話題になってきたりすると、国会議員なんかが「じゃあ、これを法律に回そうかな」って動きになるんです。**要は、話題づくりのためのきっかけ**なの（笑）。それで「この権限を委譲しなさい」って国に申請するでしょう。そうすると、国のほうは権限を確保したいから、笑っちゃうようなへりくつ言ってくるのよ。でも、笑っちゃうようなへりくつがマスコミで取り上げられると、また話が盛り上がってきて、委譲されやすくなるんだよね。

竹 大きな中央集権政府のもとでは、厚生労働省の狂犬病予防の仕事を「御取り潰し」にするのは無理。かといって、すぐに地方分権にも移行できない。結論として、ペットの殺処分をなくすには、たとえば横浜とか大阪とかで特区をつくればいい。こういう「からくり」の話は、NPO法人などで活動している人にとっても有益な情報ですね。

ひとまずこれで、大人に戻って行動を起こせそうです。先生、長い時間お付き合いいただき、本当にありがとうございました。

おわりに

　この本を最後まで読んでくださった読者のみなさんに、ひと言お詫びをしなくてはいけない。もちろん、「先生」の素性を明かすことができなかった点についてである。

　本来なら、この本は先生とボクの共著になるはずだった。だが、発売直前になり、突然、先生はスキャンダルに巻き込まれた。先生は、本書に出てくる本間教授や中川昭一元財務大臣のように、ある日突然、社会から消された。

　マスコミ各社の報道は、判を押したように同じ文言だった。まさに、誰かが書いた事件の「台本」がそのまま日本中で報道されたのである。

　先生との約束で、ボクは、先生が巻き込まれた事件の真相を書くことはできない。事件後、先生からは、共著が出せなくなったことに対する謝罪と、できれば自分の名前をすべて抹消したうえで本を出版してほしい、という内容のメールが送られてきた。

　先生から経済と政治のからくりを教わった今では、「先生の事件」の背後にインセ

ンティブをもった人々や組織がいたのではないかという疑いが捨て切れない。渡辺喜美元行革担当大臣が自民党を離党した理由は、官僚の天下りを禁止する法案が骨抜きにされたことが大きい。天下りは、最大かつ最強の利権であり、なおかつ、現状の公務員制度のもとでは、官僚にとって、老後を生き抜くための生命線でもある。先生は、その天下りの廃止に全力を傾注していた。

当然ながら、先生には敵が多かった。中川さんの後に財務大臣、金融担当大臣のイスに座った与謝野馨さんも先生の敵のひとりであり、財務省全体も先生の敵だった。いや、天下りが必要な官僚全員が敵だったといってもいいだろう。邪魔な先生が社会から消えることで、いったいどれくらいの人が利益を得るのだろう。

インセンティブを疑ってみると、真相が透けて見えてくる。

ボクの本職はサイエンスライターだ。量子力学という物理の分野では、「観測することで、観測される側の状態も変わってくる」ことがわかっている。ちょうど人間の心の動きと同じだ。誰かにじっと見つめられると、人の心の状態は大きく変化する。

未曾有の大不況を乗り切る、起死回生の策はあるのか。自民党と民主党のどちらが覇権を握るのか。渡辺喜美さんの志はどうなるのか。

そういった大きな経済と政治のうねりの中に先生の事件は埋没してしまいそうだ。でも、みんなが、先生の事件に注目することで、量子や心と同じように、不透明な現代日本の闇が照らされ、「まとも」な世の中に変えることだって可能だ。

先生の事件の後、担当編集者の安堂さんから「竹内さんも気をつけてください」と言われた。もちろん、ボクは政治とは無縁の人間だから、ボクを社会的に抹殺して得をする連中が多いとは思えない。それでもインセンティブをもつ連中がいるかもしれないから、「罠」にかからないよう気をつけないといけない。

先生と担当編集者の安堂さんと妻のかおりの努力がなければ、この本は日の目を見なかった。小学生のボクを支えてくれてありがとう！

みんなが怖がって何もしなければ、この国はどんどん腐っていく一方だ。誰かが言わなければならないし、誰かがやらなければならない。

がんばって一緒に日本をよくしようぜ！　バカヤロー！

〔竹内 薫 プロフィール〕
1960年東京生まれ。東京大学教養学部教養学科・理学部物理学科卒業。マギル大学大学院博士課程修了(高エネルギー物理学)。科学作家として物理書・数学書を執筆するかたわら、FMラジオ「JAM THE WORLD」(J-WAVE)の金曜ナビゲーター、「たけしのコマ大数学科」(フジテレビ系)などに出演。
主な著書:
『99.9%は仮説』(2006 光文社)、『宇宙のかけら』(2008 講談社)
『ねこ耳少女の量子論』(2009 PHP研究所)
主な翻訳:
『奇跡の脳』(2009 新潮社)

晋遊舎新書 005
バカヤロー経済学

2009年5月25日 初版発行
2009年6月20日 第二刷発行

著者 竹内薫
執筆協力 藤井かおり
装丁 金内智子

発行人 伊藤 淳
発行所 株式会社 晋遊舎
〒101-0051
東京都千代田区神田神保町1-12
編集部(03)3518-4061
営業部(03)3518-6861
印刷所 株式会社暁印刷
製本所 安藤製本株式会社

ISBN978-4-88380-917-2
©Kaoru Takeuchi 2009 Printed in Japan

価格はカバーに表示してあります。
乱丁・落丁等は、ご面倒ですが小社営業部にお送りください。
送料は小社負担にてお取り替えいたします。

晋遊舎新書

001
日本人が知らない恐るべき真実
安部芳裕

迫り来る世界経済の崩壊をどう乗り越えるべきか⁉ 三〇〇万人が読んだ話題のブログが遂に書籍化。恐慌時代を生きるための知恵がここにある！

002
簡単式ＤＶＤコピー
ＤＶＤコピー研究会

〝いざ〟という時のために、ＤＶＤの複製、バックアップの方法を、付録ＣＤ－ＲＯＭに収録されたソフトウェアとともに分かりやすく解説したＤＶＤコピー入門書。

003
あの会社のスゴい社訓
浜口直太

社訓に込められた創業者の思いを読み解け！ 日本を支える新進企業、老舗企業の個性的な社訓を通じて、創業者の精神を受け継ぐ躍進企業の「元気の秘密」に迫る。

004
無料ソフト式パソコン革命
町谷進

無料ソフトを使いこなせば、パソコンはこんなに使いやすくなる！ 付録ＣＤ－ＲＯＭに収録された優良フリーソフトがあなたのパソコン環境に革命を起こします！